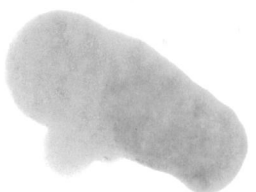

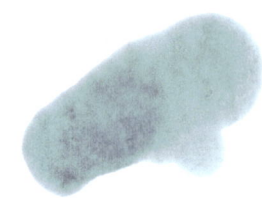

ESCUADRONES DE LA MUERTE

Ejecuciones ilegales en América Latina.
¿Guerra al crimen o "limpieza" social?

Dalia Goldman

ESCUADRONES DE LA MUERTE

Ejecuciones ilegales en América Latina.
¿Guerra al crimen o "limpieza" social?

CONJURAS

 L.D. Books

Escuadrones de la muerte
©Dalia Goldman, 2014

 **L.D. Books**

D.R. ©Editorial Lectorum, S.A. de C.V., 2014
Batalla de Casa Blanca Manzana 147 A Lote 1621
Col. Leyes de Reforma, 3a. Sección
C. P. 09310, México, D. F.
Tel. 5581 3202
www.lectorum.com.mx
ventas@lectorum.com.mx

L.D. Books Inc.
Miami, Florida
ldbooks@ldbooks.com

Primera edición: febrero de 2014
ISBN: 978-1500-536-558

Colección **CONJURAS**

D.R. ©Portada e interiores: Mariel Mambretti

Agradecimientos

A Gustavo Lencina, quien, además de ser el mejor compañero de vida, aportó su lúcida mirada en los aspectos más decisivos de este libro.

Y a Marcia Pérez, que acompañó todo el proceso de escritura y colaboró en la investigación del caso de "Las mujeres de Juárez".

Introducción

"Mediante escuadrones de la muerte, parecería que la sociedad se hace justicia a sí misma, al margen del Estado. Es clara la barbarie que eso implica, porque los asesinos organizados hoy matan a presuntos delincuentes, pero mañana pueden actuar contra usted".
Miguel Ángel Granados Chapa, periodista mexicano, 2009

Hoy a nadie sorprende escuchar, en algún programa de noticias, datos sobre la aparición de cadáveres en plena calle, arrojados como basura en descampados, o colgados como "trofeos" de un puente. En una obscena exhibición de crueldad, muchos suelen aparecer mutilados, decapitados, incinerados, con inequívocos signos de tortura. No son casos aislados ni esporádicos. Ocurren con pasmosa frecuencia, y las víctimas se cuentan por decenas, por centenares; todas tienen un mismo perfil y son ultimadas con ciertos patrones comunes.

Este accionar evidencia un desprecio por la vida humana que no respeta edad, género ni condición. Los sacrificados pueden ser oscuros personajes de los bajos fondos, delincuentes de poca monta o consumados criminales. Aunque también hay militantes políticos, disidentes, activistas y luchadores sociales. Incluso indigentes sorprendidos mientras duermen a la intemperie, niños cuyo único delito es vivir en la miseria. La mayoría de las veces, gente desarmada e indefensa que no ha empuñado un arma en su vida. Pero ése es un detalle, a nadie parece importarle si son inocentes o culpables de algo.

Del mismo modo nos hemos acostumbrado a enterarnos de personas que son arrancadas de sus hogares por grupos de matones encapuchados o capturadas en la vía pública y subidas por la fuerza a un vehículo, y a las que nunca más se vuelve a ver con vida.

En América Latina llevamos décadas conviviendo con estos fenómenos. Grandes ciudades y pequeños pueblos asolados por el terror, contabilizando a diario sus muertos y desaparecidos. Por la magnitud y continuidad en el tiempo, es evidente que no es la obra de un asesino serial, de un loco suelto que no sabe lo que hace. Los mismos asesinos se ocupan de demostrar que hay una estructura detrás, un plan muy concreto de exterminio y que nada está librado al azar.

No se trata de lo que se ha dado en llamar "terrorismo de Estado", una política orgánica del Estado, asociada a la concreción de un proyecto socioeconómico, que tiene como rasgo eminente la utilización de métodos ilegítimos de coacción. Aunque, efectivamente, en dicha situación es característico que se conformen grupos de aniquilamiento, éstos están bajo la conducción y dirección de sus máximas autoridades y cuentan con la participación (secreta, pero autorizada) de cuerpos y agentes públicos.

Tampoco se puede hablar de "crímenes de guerra", que son las infracciones graves (genocidio, maltrato a prisioneros, devastación no justificada) ocurridas en el marco de un enfrentamiento sostenido por fuerzas armadas regulares, y que están sujetos a normas de Derecho internacional; ya que, en este caso, sus responsables pueden ser eventualmente individualizados y son pasibles de ser juzgados ante una Corte Penal Internacional.

Desde ya, no es el resultado del accionar de movimientos guerrilleros, que son grupos irregulares que buscan la toma del poder a través de la lucha armada, tienen motivaciones claramente políticas y cuyos ataques se dirigen a los centros reales o simbólicos del poder militar, económico y político. En el curso de sus operaciones pueden afectar a la población civil no combatiente, pero ése no es su fin último.

Tampoco se trata de bandas de delincuencia común o del crimen organizado en sí mismas, aunque por su naturaleza violenta cometen enorme cantidad de homicidios; porque su objetivo primordial es delinquir, no eliminar (al menos, como desde lo expresado) de forma sistemática a un determinado estamento de la sociedad. No obstante, es cierto que estas organizaciones, especialmente las de mayor complejidad, como las dedicadas al narcotráfico o las pandillas, con la misión de dar muerte a quienes se interponen en sus actividades, conforman con frecuencia sus propios escuadrones.

En algunos casos se suele pensar en "abuso policial", es decir excesos cometidos en el legítimo uso de la fuerza por parte de efectivos de la seguridad pública en actos de servicio, también conocidos en algunos países de la región como de "gatillo fácil". Si bien ésta puede ser una práctica arraigada y que responda en alguna medida a un patrón de comportamiento, no se ajusta a un plan orgánico de exterminio, aunque cuente con anuencia de los mandos superiores.

Entonces, cuando hablamos de *personas que se organizan para acabar con la vida de otras personas*, nos estamos refiriendo a los *escuadrones de la muerte*.

La idea sugiere primariamente el requisito del "número": son varios los que se asocian y son numerosas las víctimas. Eso implica una unión intencionada de voluntades que construyen una auténtica "empresa": se dividen las tareas, se asignan responsabilidades, se arma una logística y se planifican operativos; todo ello, con un único propósito, la eliminación física de un conjunto de individuos que comparten alguna característica común. En la mira pueden estar grupos políticos, sociales o étnicos a los que se cataloga como "perniciosos para la sociedad", o a los que se visualiza como obstáculo para la consecución de determinados emprendimientos económicos (lícitos o no).

Como segundo aspecto ineludible, sobresale su carácter ilegal. No se trata de servidores públicos en ejercicio de sus legítimas funciones, ni de particulares autorizados por ley o autoridad alguna. Operan sistemáticamente en la clandestinidad: sus miembros son anónimos y ocultan su identidad cubriendo sus rostros, usando apodos, movilizándose en vehículos sin placas. No asumen públicamente la responsabilidad, actúan de forma solapada, preferentemente de noche, sin testigos y en lugares apartados. Luego destruyen pruebas y alteran los escenarios del crimen. Sus vínculos con otras organizaciones, con sus mandantes o financiadores no son conocidos. Así, no sólo eluden la rendición de cuentas, sino que, además, siembran el pánico en la población, sometida de hecho a toques de queda y a la existencia de zonas liberadas, obligada a encerrarse en sus casas y a vivir en estado de alerta. Bajo el imperio de la locura homicida, "cualquiera puede ser la próxima víctima". Entonces nadie se atreve a denunciar, a contar lo que sabe o lo que vio, porque corre el riesgo de poner en juego su vida al hacerlo.

El uso de la violencia es la norma. Quitarle la vida a otro, sobre todo si se hace a cierta escala, requiere instrumentos destinados a facilitar o asegurar la tarea. Pistolas, ametralladoras, cuchillos, machetes, manoplas o una simple soga, cualquier clase de elemento apto para infringir daños letales sirve. El método ordinario es la ejecución sumaria, pero el *modus operandi* muchas veces incluye el secuestro, la detención ilegal, la tortura, la desaparición y el ocultamiento de los cuerpos. Casi siempre accionan con inauditas dosis de crueldad y salvajismo, no sólo contra la víctima, sino también contra su familia y los eventuales testigos, que suelen ser objeto de amenazas, extorsión e intimidación.

Y, fuera de los grandes centros urbanos, en los rincones más remotos, el espectáculo de maldad se potencia. Violaciones sexuales masivas, incendios intencionales, operaciones de tierra arrasada y vejaciones de todo tipo se suceden silenciosamente. Librados a la buena de Dios, miles de campesinos e indígenas inician el penoso camino del desplazamiento forzoso, perdiendo sus medios de subsistencia, sus lazos afectivos y su sentido de pertenencia a una comunidad.

La utilización del término *escuadrones de la muerte* (tanto en el medio periodístico como en el lenguaje común, pero incluso en el ámbito académico) abarca a bandas disímiles entre sí en cuanto a tamaño, alcance territorial, procedencia de sus miembros, permanencia en el tiempo y vínculos con el Estado. Pero todas tienen un denominador común: son asesinos organizados que actúan por fuera de la ley y gozan de impunidad. Las expresiones *paramilitares, grupos de autodefensa, milicias privadas, comandos de limpieza, vigilantismo, sicariato* son empleadas prácticamente como sinónimos, dependiendo también de los modismos propios de cada país.

De manera que, cuando se habla de "escuadrones de la muerte", se puede estar haciendo mención a:

+ Grupos pequeños, de menos de diez integrantes, cuyos miembros llevan una doble vida: de día concurren a sus trabajos, son ejemplares padres de familia; de noche se convierten en cazadores furtivos.

+ Soldados de verdaderos ejércitos irregulares, formados por cuadros adiestrados y remunerados, que cuentan con sofisticados armamentos y equipos de comunicaciones. Son organizaciones con un radio de actuación reducido, que se limita a un barrio o un poblado; o complejas redes, compartimentadas en células, pero con una coordinación central, cuyos tentáculos se expanden a toda una región y hasta son capaces de actuar en otras, cubriendo toda la geografía de una nación.

+ Comandos integrados exclusivamente por policías o militares, ya sea en actividad o retirados, que trabajan por cuenta propia o bajo órdenes de un mandante.

+ Comandos civiles, que se autoconvocan para defenderse ante una amenaza común.

+ Formaciones de carácter coyuntural, que desaparecen después de un corto lapso, una vez que cumplieron su meta de "limpiar" una determinada área, de acabar con quienes consideraban como enemigos.

+ Estructuras estables, que se consolidan y ramifican, y operan durante largos períodos.

Y las alternativas siguen pues, en conjunto, estos grupos ofrecen una extensa gama de variantes.

Algunos se dan a conocer con un nombre, difunden comunicados y construyen una identidad, a través del uso de logos, uniformes y rituales (como dejar una "firma" o marca en los cuerpos de las víctimas o notas, atribuyéndose la autoría de los crímenes). Pero los hay también innominados, volátiles, efímeros, informales, con miembros que rotan y no se conocen entre sí.

A veces cometen asesinatos selectivos, eligiendo cuidadosamente a las víctimas con importantes tareas de inteligencia previa, que incluyen el seguimiento, la vigilancia y la intercepción de llamadas telefónicas. En otros casos, provocan matanzas colectivas e indiscriminadas, en las que perecen criaturas, ancianos, embarazadas y hasta ocasionales transeúntes.

Desde el punto de vista de sus promotores, la decisión de conformar una banda exterminio responde en líneas generales a dos tipos de argumentos.

El primero de ellos es la noción de un "Estado ausente": recurrir a acciones de "justicia privada", "justicia por mano propia" y "autodefensa" se justifica en la inacción o incapacidad del aparato estatal, sus fuerzas de seguridad y los órganos judiciales para dar respuesta a acuciantes problemas que aquejan a la sociedad (léase insurgencia armada, ola delictiva, etc.).

El segundo se asienta en una concepción de "Estado paralelo", es decir, en la adopción de una estrategia que, al obviar los límites de la legalidad y del estado de derecho, permite un resultado más "eficaz". Subyace aquí la percepción de que los derechos y garantías consagrados por el orden jurídico vigente (como el debido proceso, la presunción de inocencia, la asistencia letrada) suponen un obstáculo para lograr la exitosa erradicación de quienes infringen la ley.

A mitad de camino se encuentran aquellos escuadrones que se forman con fines de "limpieza social", cuyo propósito es la eliminación sistemática de individuos considerados peligrosos, inmorales o improductivos (personas en situación de calle, drogadictos, prostitutas). En estos casos se evidencia la convicción profunda de que existe un vacío estatal, que no se implementan políticas económicas, sociales y educativas que remedien la pobreza y la marginación. Pero también se esconde una vocación de sustituir al Estado, utilizando medios que éste tiene expresamente prohibidos en el ordenamiento jurídico de casi todos los países de América Latina: el uso extremo de la fuerza y la aplicación de la pena de muerte.

Por último, cuando los comandos de aniquilamiento son creados por las organizaciones criminales (como brazo armado para eliminar competidores, informantes y denunciantes), su razón de ser no guarda relación con algún modelo de Estado. En rigor, se trata de mecanismos que tienen que ver con la lógica de los "negocios" y con los métodos mafiosos de dirimir conflictos.

Ante la pregunta acerca de qué es lo que lleva a ciertas personas a integrar un escuadrón de la muerte, es posible distinguir cuatro situaciones:

+ *Motivación personal*: puede ser producto de una convicción ideológica o moral, o del deseo de venganza o de hacer justicia por mano propia en el caso de aquellos que se han visto damnificados por un hecho delictivo (por ejemplo, el asesinato de un familiar).

+ *Obediencia debida*: se aplica en el caso de cuadros subalternos de fuerzas policiales o militares, que ejecutan las órdenes de sus superiores.

+ *Participación forzosa:* en el caso de patrullas conformadas por civiles, que son reclutados bajo amenaza o extorsión.

+ *Motivación económica:* para el caso de bandas que contratan mercenarios o sicarios, que cumplen su tarea a cambio de una paga.

Como es notorio, estas organizaciones no son improvisadas. Disponen de una infraestructura y cuentan con recursos para llevar a cabo su cometido, que incluyen dinero, armamento, vehículos y locaciones (bases de operaciones y sitios de retención de cautivos y acopio de pertrechos). Éstos pueden provenir de una o más de las siguientes fuentes:

+ *Recursos del Estado:* en el caso de escuadrones total o altamente adscriptos a instituciones estatales, por lo general son utilizados los bienes públicos asignados legalmente a cada repartición.

+ *Fuentes privadas:* puede tratarse de empresarios, comerciantes, grandes propietarios o de grupos de vecinos que, por razones ideológicas o morales, o porque ven afectados sus intereses, contribuyen financiera y materialmente con estos grupos.

+ *Fondos provenientes de actividades ilícitas:* cuando los escuadrones son auspiciados por bandas delictivas, los recursos provienen de su propio quehacer (extorsión, secuestro, robo, narcotráfico, etc.). Cuando hay elementos de las fuerzas de seguridad entre los miembros, es factible que se utilice el producido de sobornos e exacciones ilegales a cambio de protección.

Como es obvio, por su propia esencia ilegal y clandestina, no es sencillo conocer cabalmente las dinámicas, interacciones, rutinas de reclutamiento y adiestramiento, origen de los recursos y armas de los escuadrones de la muerte. Y, sin dudas, la faceta más oculta y difícil de dilucidar es la de sus vínculos con las instancias estatales.

En la experiencia latinoamericana se han registrado casos en los que son totalmente dependientes del Estado (están integrados por miembros de las fuerzas de seguridad que obedecen a directivas de los más altos mandos de los poderes públicos). En otros, se observa una cierta autonomía relativa (cuentan con el patrocinio de las entidades estatales, a veces incluso con estatus legal, pero sus actos no están sujetos a control alguno y sus excesos no son perseguidos ni castigados, lo que supone una complicidad o cobertura por parte de las autoridades).

Y finalmente, algunos se encuentran más cercanos a intereses puramente privados, en los que la participación estatal es casi inexistente, pero donde hay una clara tolerancia hacia su accionar por parte de los poderes públicos, que se manifiesta en una actitud de "dejar hacer", omitiendo deliberadamente aplicar la legislación vigente.

En conclusión, las evidencias indican que no sería posible la existencia de los escuadrones de la muerte sin algún grado de involucramiento del Estado, una participación que se ubica en el algún punto del continuo que parte de una implicación completa y activa, pasa por la connivencia y el encubrimiento, y termina en la indiferencia.

Es la intención de este trabajo analizar *todas* las formas en que se exteriorizan los grupos de exterminio, en el pasado y en el presente. Porque, en definitiva, lo que nos interesa saber, o por lo menos tratar de entender, es por qué hay tanta gente matando a tanta gente en nuestro castigado continente. Y responder a una pregunta más acuciante aun: ¿por qué los gobiernos tienden a negar su existencia y hacen oídos sordos a las denuncias?

Estas y otras preguntas (más sus posibles respuestas) serán parte del breve y escalofriante recorrido que aquí comenzamos, con la esperanza de que sirva como llamado de atención y estímulo para investigaciones más extensas que la presente, enmarcada en los límites de esta colección.

Capítulo 1
Maquinarias de la muerte.
Su construcción histórica

"La vida se extingue allí donde existe el empeño de borrar las diferencias y las particularidades por la vía de la violencia".

Vasili Grossman, escritor ruso, 1959

El término "escuadrones de la muerte" fue empleado por primera vez en Rumania en la década de 1930, en relación con las unidades de acción directa formadas por la "Guardia de Hierro", que era la rama paramilitar de la Legión de San Miguel Arcángel fundada por Corneliu Codreanu. Se trataba de un movimiento fascista, nacionalista y antisemita, con una organización de tipo militarista, rituales de impronta masónica y marcado culto a la personalidad del líder, que abjuraba del comunismo y ejercía una defensa radical de la Iglesia cristiana ortodoxa.

En nombre de "Dios y el amor", los miembros de los *echipa mortii* (literalmente, escuadrones de la muerte) asesinaron a políticos, periodistas y policías, e incluso a los disidentes dentro de sus propias filas, a los que se los consideraba traidores. Uno de estos comandos fue responsable del homicidio del entonces Primer Ministro, el liberal Ion Duca, en diciembre de 1933, quien fue ultimado a tiros en una estación de tren.

De todas formas, esta modalidad de justicia por mano propia reconoce diversos antecedentes en América Latina.

En el año 1919, en la ciudad argentina de Buenos Aires tuvo lugar una huelga de obreros metalúrgicos que fue ferozmente reprimida por la policía, lo que dio inicio a una escalada de protestas y violencia que se prologó durante siete días. Motorizado por el sector sindical anarquista, el reclamo de los trabajadores giraba en torno de la mejora de las condiciones laborales (reducción de la jornada, descanso dominical obligatorio, aumento de salarios). Gobernaba por entonces la Nación Hipólito Yrigoyen, hombre perteneciente a la Unión Cívica Radical, de orientación socialdemócrata. Éste intentó fallidas negociaciones con los huelguistas, que no lograron impedir la declaración de un paro general y la propagación de las manifestaciones populares.

En el transcurso de estos incidentes (conocidos como "La Semana Trágica"), un grupo de altos mandos militares en actividad, pertenecientes a la Marina y al Ejército, fundó la Comisión pro Defensores del Orden, cuyas reuniones se celebraban nada menos que en la sede del Centro Naval de Buenos Aires.

El movimiento, luego refundado como Liga Patriótica Argentina, contó con el apoyo de la elite terrateniente, los grandes intereses industriales, eminentes figuras del ámbito académico, la prensa y los sectores más reaccionarios de la Iglesia.

Entre sus objetivos declarados, se destacaban el impedir "la exposición pública de teorías subversivas, las conferencias sobre temas marxistas y anarquistas, y el uso de la bandera roja", a la vez que se promovía la formación de "agrupaciones vecinales que cooperen a la acción represiva de todo movimiento de carácter anarquista".

Desde ese núcleo se organizaron grupos de choque que, pertrechados con armas automáticas, asolaron las calles ante la indiferencia e incluso complicidad de las fuerzas policiales. El blanco no sólo fueron los trabajadores en huelga y los activistas políticos –entre los que hubo cientos de muertos–, sino también los inmigrantes europeos y especialmente los de origen judío. En lo que muchos historiadores consideran el primer *pogrom* de América Latina, los miembros de esa comunidad fueron víctimas de un particular ensañamiento: sus hogares fueron tomados por asalto, fueron arrestados, salvajemente torturados y ejecutados.

Pocos años después, México experimentaría un fenómeno similar. La década de 1920 estuvo signada por los conflictos religiosos, derivados de la sanción de la Constitución de 1917, que reforzó de manera drástica el carácter laico del Estado: entre otras medidas, se le quitó a la Iglesia la personería jurídica, vedando su derecho a poseer bienes raíces; se consagró la educación secular, impidiendo a los miembros del clero conducir instituciones escolares; se prohibió el culto público fuera de los templos; y se restringió la prensa religiosa.

Este clima de intolerancia hizo eclosión una década más tarde, durante la presidencia de Plutarco Elías Calles, uno de los fundadores del Partido Revolucionario Institucional (PRI). Decidido a poner coto al poder de los obispos, en 1926 se promulgó una ley reglamentaria conocida como Ley Calles, que acentuó aun más la fractura. Se limitó el número de clérigos, obligándolos a obtener una licencia ante las autoridades municipales para ejercer su ministerio; se abolió la libertad de enseñanza y se clausuraron capillas y conventos. En un país mayoritariamente creyente, la respuesta no tardó en llegar. Tras presentar ante el Congreso un pedido de reforma constitucional, que fue avalado por más de dos millones de firmas, y organizar un boicot contra el gobierno, sin lograr ningún resultado, el camino de las armas se impuso.

Los grupos guerrilleros, formados principalmente por campesinos, multiplicaron los alzamientos en distintas regiones mexicanas, dando inicio a la llamada Guerra Cristera. En ese contexto, florecieron numerosos comandos paramilitares, dedicados a secuestrar, torturar y asesinar sacerdotes, monjas y fieles católicos. Algunas crónicas de la época daban cuenta del ahorcamiento sistemático de personas en los postes de telégrafo ubicados a lo largo de la línea de ferrocarril. Uno de los más activos fue el de los Camisas Rojas, cuyo ideólogo fue el tres veces gobernador del estado de Tabasco, Tomás Garrido Canabal, un verdadero fanático en la lucha contra la religión, el alcohol y el crimen. Formadas por jóvenes estudiantes identificados con el Partido Socialista Radical, las brigadas garridistas allanaban viviendas y parroquias, incautaban imágenes religiosas y amedrentaban a la población.

Estos grupos se mantuvieron activos aún después del cese formal de hostilidades, protagonizando una auténtica cacería de antiguos combatientes de las fuerzas cristeras, miembros del clero y maestros rurales. Uno de los episodios más resonantes tuvo lugar a fines de 1934, cuando un comando de los Camisas Rojas atacó a feligreses a la salida de misa en Coyoacán, en pleno distrito federal, provocando cinco muertos. Si bien es discutible su inclusión, muchos califican a los *Einsatzgruppen* nazis como ejemplo de escuadrones de la muerte. Efectivamente estos batallones itinerantes, que actuaron especialmente en los años previos a la instauración del sistema de campos de concentración, fueron constituidos con la misión de eliminar a la que se consideraba población "hostil" o "despreciable" (judíos, gitanos, enfermos mentales, comunistas, comisarios políticos, intelectuales). Sin embargo, si bien estos grupos de operaciones eran de carácter secreto y llegaron a tener relativa autonomía, su dependencia funcional y jerárquica respecto de las *Schutzstaffel* (más conocidas como las SS) y su inscripción dentro de la política de Estado nacionalsocialista los encuadran más bien como parte de las fuerzas armadas regulares.

Pero fue a fines de la década de 1950, a partir de la Guerra de Argelia, cuando se sistematizó la formación de comandos ilegales de exterminio y su aplicación en el marco de la llamada guerra contrarrevolucionaria. Francia, golpeada tras la derrota en Indochina y la pérdida de ese dominio colonial, modificó la estrategia para hacer frente a las aspiraciones independentistas en Argelia. Integrados por suboficiales, estos escuadrones tenían la consigna de obtener información sobre los rebeldes a cualquier precio —incluyendo la tortura— y la orden de hacer desaparecer a los interrogados una vez cumplido el objetivo.

Este modelo devino en doctrina, y a partir de entonces fue utilizado en distintas partes del mundo en el contexto de la Guerra Fría, en el que la batalla ideológica entre el capitalismo y el comunismo se dirimió en una multitud de escenarios de insurgencia revolucionaria.

En América Latina, la primera aparición de una organización bajo la denominación de "escuadrón de la muerte" tuvo lugar en Brasil a mediados de la década del 60, tras la instauración del régimen militar que derrocó a João Goulart. Surgido en San Pablo y basado en un discurso moralista de defensa de la sociedad contra los elementos "indeseables" y el mantenimiento del orden público, el *Esquadrão da Morte* se dedicó a perseguir y matar a presuntos delincuentes. El mismo esquema se replicó en el municipio de Río de Janeiro y en otras ciudades brasileñas. Sus miembros pertenecían al servicio activo de las fuerzas de seguridad, liderados por altos mandos de la Policía Civil y la Militarizada, que en muchos casos fueron luego cooptados por el aparato represivo del régimen de facto para aniquilar a los enemigos políticos.

Pero, sin lugar a dudas, alcanzaron su mayor notoriedad a partir de las décadas de los años 70 y 80, cuando la actividad de estas estructuras proliferó en distintos puntos de América Central y del Sur, mayormente asociadas a gobiernos autoritarios y a la emergencia de movimientos insurgentes que a través de la lucha armada perseguían la toma del poder. En este período, la formación de grupos de exterminio y la práctica de las ejecuciones extrajudiciales se inscribieron dentro de una política orgánica y deliberada para "hacer frente a la amenaza al orden establecido" completamente por fuera del marco de la legalidad; fue lo que se denominó "terrorismo de Estado".

Argentina, Guatemala, El Salvador han sido algunos de los países en donde esta política tuvo los efectos más devastadores, ya que a la eliminación física de combatientes revolucionarios por medios ilegítimos, se sumó un conjunto de acciones contra la población civil no armada. La tortura, los secuestros, las desapariciones forzosas, los centros clandestinos de detención se transformaron en las herramientas a escala masiva de esta "guerra sucia", que llegó incluso a extremos como la supresión de identidad y apropiación de hijos de presuntos guerrilleros. Naturalmente, todo ello se dio en el marco de un más o menos declarado régimen de excepción (estado de sitio, estado de emergencia nacional), con la consecuente suspensión de garantías constitucionales, disolución y/o constreñimiento de los poderes legislativo y judicial, y cerrojo a la prensa. La impunidad así consagrada posibilitó que en forma concomitante se cometieran todo tipo de actos delictivos, como la extorsión, el pillaje, la usurpación de bienes e inmuebles.

La hegemonía del terrorismo de Estado declinó hacia la década de 1990, cuando los grupos de insurgencia armada fueron prácticamente desarticulados en todo el subcontinente y se consolidó el proceso de restauración democrática (que incluso, en muchos países, implicó el juicio y condena de los responsables de violaciones a los derechos humanos durante los períodos de represión ilegal). No obstante, ello no significó el fin de los escuadrones de la muerte. Muy por el contrario, evolucionaron hacia estructuras orientadas primordialmente a la "limpieza" social o hacia propósitos puramente criminales.

Pero la similitud en el *modus operandi*, los sistemas de reclutamiento y financiamiento, hace pensar en muchos casos en una continuidad del modelo anterior, por lo menos en lo que respecta a la logística y a los vínculos con agencias estatales o estamentos de las fuerzas de seguridad.

Así, entrado el siglo XXI, se verifica la presencia de bandas de exterminio en Centroamérica, México, Brasil y Colombia, en donde se mezclan objetivos de tinte moral (erradicar aquellos elementos que constituyen una lacra para la sociedad), con ajustes de cuentas del crimen organizado (sobre todo en relación con el narcotráfico), con la implantación del terror con fines económicos (por ejemplo, para obtener la posesión y usufructo de tierras y recursos naturales). Las nuevas víctimas ya no son los adversarios políticos, los guerrilleros o las personas ideológicamente "peligrosas", sino campesinos, indígenas, delincuentes, prostitutas, indigentes.

Capítulo 2
BASES DOCTRINARIAS.
EL ENEMIGO INTERNO

La experiencia en la Primera Guerra de Indochina, que se desarrolló entre 1946 y 1954, dejó un sabor amargo en las tropas francesas. Enfrentada a una guerra no convencional, la potencia colonial no pudo evitar perder el dominio de "la joya del imperio", debiendo aceptar la declaración de los Estados independientes de Camboya, Laos y Vietnam. Pese a la superioridad técnica y armamentística, a los cuantiosos recursos financieros puestos en juego y a una serie de victorias iniciales, Francia se vio inerme ante la táctica de guerrillas, no consiguió mantener el control territorial de las zonas rurales y selváticas y, sobre todo, no pudo lidiar con un enemigo que, además de incluir un numerosa y organizada milicia, involucró a amplias franjas de población civil en el conflicto.

Inmediatamente el foco de atención de la política exterior francesa tuvo otra acuciante demanda: el inicio de hostilidades por parte del Frente de Liberación Nacional (FLN), en su lucha por la descolonización de Argelia, entrañó en 1954 un nuevo desafío bélico.

La escuela francesa

Las lecciones aprendidas en Asia tomaron cuerpo en un modelo de contrainsurgencia que tendría enorme influencia en las décadas siguientes. Se aplicó la técnica de la división en zonas (cuadriculación territorial) con el fin de separar a los combatientes de su retaguardia, la población. Se confirió poder de policía a los militares y se dio vía libre a la creación de escuadrones de la muerte, conformados por suboficiales, que capturaban a los miembros del FLN, a los sospechosos de serlo y a aquellos que pudieran aportar información sobre las células rebeldes. Se instituyó el interrogatorio mediante la tortura, la ejecución sumaria y la desaparición como métodos rutinarios.

El objetivo principal no fue cumplido –Argelia obtuvo su independencia en 1962–, pero Francia se convirtió en la usina de la teoría y la práctica de la guerra contrarrevolucionaria.

Ya desde 1957, en la Escuela de Guerra de París se enseñaban los métodos aplicados en Argelia a oficiales franceses, portugueses e israelíes. Dos años más tarde, se estableció una misión militar francesa permanente en la Argentina, que formó a toda una generación de oficiales en la Escuela Superior de Guerra (que quince años después serían responsable de un golpe de Estado y la instauración de una de las dictaduras más sangrientas en la historia del Cono Sur). Desde allí se organizó en 1961 el Primer Curso Interamericano de Guerra Contrarrevolucionaria, celebrado en Buenos Aires, del que participaron militares de catorce países.

Ese mismo año, Francia envió especialistas para formar a los profesores de la Escuela de las Américas, una institución de adiestramiento del Ejército de los Estados Unidos ubicada por entonces en Panamá. En las siguientes dos décadas, por sus aulas pasaron unos 60.000 oficiales de 23 países de Latinoamérica.

Simultáneamente, un destacado veterano de las guerras de Indochina y Argelia, Paul Aussaresses, fue designado agregado militar en Washington y se desempeñó como instructor en la escuela de Fuerzas Especiales de Fort Bragg (Carolina del Norte). El aprendizaje dio rápidamente sus frutos: los norteamericanos lanzaron el Programa Phoenix en Vietnam con el fin de neutralizar (vía infiltración, captura o asesinato) la infraestructura civil que servía de apoyo a los insurgentes del Viet Cong. Posteriormente Aussaresses, como adscripto a la embajada francesa en Brasil, formó a principios de la década del 70 cuadros militares brasileños y chilenos.

De este modo, la doctrina francesa se propagó por todo el continente americano, donde las elites dirigentes veían con enorme preocupación la triunfante revolución cubana (y su claro alineamiento al bloque soviético) y temían el "efecto dominó". Esta difusión fue apuntalada por *La guerra moderna*, una suerte de manual escrito en 1961 por el coronel Roger Trinquier, veterano de Indochina, jefe de la división de paracaidistas y comandante de las fuerzas aerotransportadas en Argelia. Trinquier fue también el impulsor del "dispositivo de protección urbana", una estructura parapolicial montada en la capital argelina durante la etapa más álgida del conflicto (la llamada Batalla de Argel), que procuró comprometer a los habitantes de la ciudad en su propia defensa.

En este documento, se esbozó la conceptualización de un nuevo tipo de guerra —ya no contra un enemigo exterior, sino interno—, que se articuló en torno a tres ejes: la clandestinidad, la presión psicológica y la moralidad estrecha. La idea subyacente era que, si el "terrorista" no respeta las leyes de la guerra, para combatirlo tampoco es obligatorio respetarlas.

Los ejes fundamentales de esta doctrina pueden sintetizarse en los siguientes aspectos:

+ Concepto de guerra "desde abajo": el enemigo actúa embozado dentro de la población civil; no se trata exclusivamente de combatientes armados.

+ Importancia del aparato de inteligencia.

+ Importancia de la guerra psicológica (uso planificado de la propaganda; destrucción de la moral del enemigo; conversión de disidentes).

+ Fuerzas militares deben estar preparadas para tareas policiales contra la población civil.

+ Compartimentación en zonas para ejercer un mayor control territorial.

+ Operativos clandestinos (preferentemente nocturnos), a cargo de grupos comando, sin uniforme.

+ Allanamientos y detenciones ilegales (secuestros).

+ Aplicación masiva de la tortura, como tarea del sector de inteligencia, con el fin de obtener información. Hacer presenciar las sesiones de torturas a otros prisioneros, para "ablandarlos".

+ Ejecución de detenidos una vez concluidos los interrogatorios.

+ Ocultamiento de los cuerpos.

El enemigo en casa

El fin de la Segunda Guerra Mundial trajo aparejada una nueva era de tensiones geopolíticas entre Estados Unidos y la Unión Soviética, a la que se conoce como Guerra Fría. Se trató de un período dominado por la desconfianza entre las naciones, en el que ninguna de las dos superpotencias tomó acciones directas contra la otra, pero el aspecto militar se convirtió en la base de las relaciones internacionales. El enfrentamiento ideológico se manifestó entonces principalmente a través de confrontaciones armadas e intervencionismo en los países del Tercer Mundo.

Con el objetivo de evitar la expansión del comunismo y sobre la base de la estrategia de contención, Estados Unidos desarrolló una nueva visión del concepto de seguridad nacional, que pretendía dar respuesta a la amenaza de movimientos revolucionarios, a la inestabilidad del capitalismo y al potencial destructivo de las armas nucleares. El triunfo de la revolución cubana y su influencia como modelo exitoso de cambio, sumado al desarrollo de corrientes de pensamiento de cuño antiimperialista, nucleadas en torno a la teoría de la dependencia, impulsaron una era de marcada ideologización y efervescencia en casi todos los países de Latinoamérica, el histórico "patio trasero" estadounidense.

Este cuadro de situación llevó a una formulación específica de la doctrina de seguridad nacional para la región. Se conservó la idea de que, garantizando la seguridad del Estado, se garantizaba la de la sociedad, pero se incorporó la noción de que para ello era necesario el control militar de los aparatos estatales en la región. El enemigo principal seguía siendo el comunismo internacional (con Estados Unidos autoerigido en el responsable último de su eliminación), que se materializaba en cada realidad nacional como un enemigo interno, armado o no, cuyas ideas podían ser funcionales a la expansión de una ideología comunista. De este modo, primó una mirada en la que casi cualquier problema social era interpretado como una manifestación subversiva.

La Doctrina de Seguridad Nacional afectó a las instituciones castrenses y a las sociedades de todo el continente, aun a aquellas donde no hubo gobiernos militares.

La intervención de los militares como corporación en campos de la política ajenos a su actividad profesional se dio incluso bajo administraciones civiles.

Capítulo 3
Objetivo: comunistas
(y cuanto se les parezca)

"Ningún soldado está obligado a obedecer una orden contra la ley de Dios. Una ley inmoral, nadie tiene que cumplirla. En nombre de Dios, pues, y de este sufrido pueblo cuyos lamentos suben hasta el cielo cada día más tumultuosos, les suplico, les ruego, ¡les ordeno en nombre de Dios: cese la represión!"

Monseñor Oscar Romero, arzobispo de San Salvador, 1980

De lo hasta aquí expuesto, se deduce que la lucha "antisubversiva" en Latinoamérica reconoció dos grandes influencias. Por un lado, Estados Unidos, que proveyó el marco ideológico a nivel exterior (expresado en la salvaguarda de Occidente frente a la "invasión comunista" incitada desde la Unión Soviética y China, con Cuba como referente americano). Por el otro, Francia, que brindó la capacitación y el entrenamiento a las fuerzas de seguridad de los gobiernos dictatoriales, dando lugar a una de las épocas más oscuras de la historia latinoamericana contemporánea.

Abandonados los enfoques de la guerra convencional, cuyo énfasis se centraba en la defensa de las fronteras y los potenciales conflictos con países vecinos, y bajo el paraguas de la "lucha de los pueblos libres" contra las ideas totalitarias, se dio un marco de estrecha colaboración entre los servicios de inteligencia de los países de la región.

Coordinada por la CIA, la Operación Cóndor se estableció a mediados de los años 70 como un plan de colaboración represiva entre las dictaduras militares de Argentina, Brasil, Chile, Bolivia, Uruguay y Paraguay, que llegó a contar con la participación esporádica de Ecuador, Perú, Venezuela y Colombia. Inspirado en el modelo de INTERPOL, el plan no sólo abarcaba la interconexión informativa y el intercambio de prisioneros, sino que además implicó la realización de operativos conjuntos para la eliminación de opositores.

Su accionar incluso alcanzó a los disidentes exiliados dentro y fuera de la región. Entre los casos más resonantes, se encuentran los de Carlos Prats (excomandante del ejército chileno, asesinado en Buenos Aires en 1974), Bernardo Leighton (exministro chileno, que sufrió un atentado en Roma en 1975), Orlando Letelier (excanciller chileno, asesinado en Washington en 1976).

Con el mismo patrón se implementó hacia 1979 la Operación Charly para los países de Centroamérica, en el que tuvo un papel destacado el ejército argentino, que "exportó" su experiencia represiva, capacitando fuerzas militares y paramilitares en Nicaragua, Honduras, El Salvador y Guatemala, y realizando operaciones encubiertas por cuenta y orden de la CIA.

No obstante, es importante destacar que el combate contra los movimientos insurgentes en América Latina asumió casi sin excepciones una estrategia dual.

Todos los gobiernos de la época, democráticos o no, adoptaron alguna política "oficial", enmarcada en el estado de derecho; y simultánea o paralelamente, incentivaron, o al menos consintieron, un esquema de represión clandestina por fuera de la legalidad.

En Uruguay

Surgido a principio de la década del 60, el Movimiento de Liberación Nacional Tupamaros fue una agrupación de filiación marxista no ortodoxa y declaradas simpatías por la revolución cubana, que se volcó a la lucha armada alrededor de 1968, desplegando acciones de guerrilla urbana durante el gobierno democrático de Jorge Pacheco Areco. Poco después, hicieron su aparición varios escuadrones de la muerte (a los que se bautizó Comandos Caza Tupamaros), integrados por policías, militares y civiles que, según algunas fuentes, eran coordinados desde el Ministerio del Interior uruguayo, que operaba bajo la fachada de una supuesta "Oficina de Estadística, Contralor y Difusión". Estos grupos protagonizaron hechos de secuestro, tortura, asesinato y desaparición cuyo blanco no sólo eran los miembros de esa organización guerrillera, sino también sus familias, los abogados defensores de los presos políticos, y militantes periféricos de organizaciones políticas y sociales.

Uno de los primeros casos fue el de Ibero Gutiérrez, un joven que pertenecía al movimiento político 26 de Marzo, "que apareció tirado en un baldío, con una nota que rezaba: "Bala por bala. Muerte por muerte. Comando Caza Tupamaros".

Además pergeñaron una serie de atentados (con explosivos o bombas incendiarias) contra renombradas figuras de la intelectualidad progresista, vinculadas a la enseñanza, al periodismo, al sindicalismo, o contra editoriales de libros y revistas de izquierda.

Si bien aún no se conoce a ciencia cierta su entramado de relaciones, estos grupos actuaban en forma interconectada y obedecían a distintas jefaturas. Entre ellos se encontraban Defensa Armada Nacionalista (creado por un general retirado) y Guardia Republicana (dirigido por el secretario de la Presidencia).

Un caso distinto fue el de la Juventud Uruguaya de Pie (JUP), que nació hacia 1970 como un movimiento estudiantil en el interior del país. En la JUP confluían sectores nacionalistas, conservadores y tradicionalistas aunados por una común prédica antimarxista y contraria a las agrupaciones de izquierda. Gradualmente fue ganando adeptos y adquiriendo carácter nacional, y llegó a tener una audición radial y un periódico semanal. De sus filas se desprendieron grupos de acción directa que realizaron ataques contra escuelas, universidades y comités de partidos políticos en Montevideo. También formaron su propia estructura de exterminio, a la que se atribuye, entre otros, el asesinato de Santiago Rodríguez Muela, un joven adherente al Partido Comunista Revolucionario que fue ultimado en el propio Liceo donde cursaba estudios nocturnos.

Estos escuadrones se desmovilizaron tras el golpe institucional de 1973 que disolvió el Parlamento, suspendió las garantías constitucionales, prohibió el funcionamiento de los partidos políticos e ilegalizó los sindicatos. Dicho de otro modo, el régimen cívico-militar instaurado, que asumió la represión de opositores como política de Estado, tornó innecesario el accionar de los grupos parapoliciales.

En 2009, se abrieron diversas causas judiciales con el objeto de esclarecer los homicidios y desapariciones forzadas durante el período anterior al golpe (ya que los hechos posteriores están amparados por la llamada ley de caducidad), a los que se considera delitos de lesa humanidad. En ese marco, han sido acusados agentes de la Dirección Nacional de Información e Inteligencia, militares de alto rango de las tres ramas de las Fuerzas Armadas y del Estado Mayor Conjunto, miembros de la policía, integrantes del entonces gobernante Partido Colorado (entre ellos varios exministros y secretarios de Estado) y el empresario de medios Miguel Sofía.

En Argentina

Como en otros puntos de la región, hacia finales de los años 60 aparecieron en la escena argentina diversos movimientos armados que, aunque diferentes en su perfil ideológico, produjeron hechos de violencia de alto impacto. Emergieron en un contexto de más de una década de inestabilidad institucional, regímenes militares y proscripción del peronismo, el partido de masas nacido en torno a la figura de Juan Domingo Perón.

En 1969 hizo su bautismo de fuego el Ejército Revolucionario del Pueblo (ERP), una organización de impronta marxista con influencias maoístas y guevaristas, que impulsaba la guerra popular prolongada, tanto en el frente urbano como rural. Utilizaron el secuestro extorsivo de empresarios y el robo (a entidades bancarias) como medios para obtener financiamiento, y el asalto a comisarías para hacerse de armamento. Tras cometer asesinatos y atentados contra de miembros de las fuerzas de seguridad, iniciaron una campaña propiamente militar, con el copamiento de batallones del ejército y la apertura de un foco revolucionario en la norteña provincia de Tucumán.

En 1970, el secuestro y muerte del general Eugenio Aramburu, líder de la asonada que derrocó a Perón en 1955, marcó la entrada en escena de Montoneros, una agrupación vinculada al ala izquierda del peronismo que abogaba por una versión autóctona de "Patria Socialista", con un fuerte trabajo de formación de cuadros y gran inserción política en la militancia juvenil, sindical y universitaria. En su etapa inicial, su accionar se centró en ataques contra uniformados y dirigentes políticos y gremiales conservadores. Sus acciones más resonantes fueron los homicidios del titular de la Confederación General del Trabajo y del jefe de la Policía Federal, y el secuestro de los propietarios de la mayor corporación cerealera del país (por quienes se cobró un millonario rescate). Recién hacia 1975 comenzaron con las ofensivas tácticas masivas contra objetivos militares.

Para ese entonces, ya operaba la Alianza Anticomunista Argentina, popularmente conocida como la Triple A, cuyo mentor fue José López Rega, ministro de Bienestar Social del gobierno constitucional que asumió en mayo de 1973. Este oscuro personaje (apodado "El Brujo" por su afición al esoterismo y las prácticas espiritistas) pertenecía al entorno más cercano de Perón y estaba obsesionado con la "infiltración marxista" dentro del peronismo.

Utilizando fondos públicos y las instalaciones de la propia cartera ministerial que conducía como depósito de armas, López Rega creó una estructura de células independientes que en un principio estaban integradas por empleados de ese Ministerio —apoyadas logísticamente por la Jefatura de la Policía—, y tenían como objetivo combatir a la extrema izquierda peronista.

Con el tiempo, la organización fue incorporando a sus filas a personal militar, policial y de inteligencia, y ampliando su radio de acción a todo el territorio nacional y a todo el espectro progresista.

Se sucedieron los atentados con explosivos contra locales partidarios, sedes de sindicatos, oficinas de redacción de diarios y publicaciones de izquierda, cines y teatros donde se exhibían obras consideradas "comunistas". Se multiplicaron los secuestros, la tortura y las ejecuciones sumarias; las amenazas y la intimidación. Los comandos de la Triple A, además, actuaron como grupos de choque en la represión de manifestaciones populares, y contra el trabajo de los reporteros gráficos.

Los operativos se realizaban muchas veces en la vía pública y en pleno día, lo que muestra a las claras el grado de impunidad con que se movían estas bandas parapoliciales.

La larga lista de víctimas fatales —se estiman en 700, entre muertos y desaparecidos— incluyó diputados y senadores en ejercicio, religiosos que realizaban trabajo social en los barrios pobres, docentes universitarios, periodistas, dirigentes gremiales, artistas, abogados, obreros, estudiantes y activistas.

Convertido en el hombre fuerte del gobierno tras la muerte de Perón, a mediados de 1974, López Rega cayó en desgracia un año más tarde, al impulsar un impopular plan económico. Con su huida a España, la Triple A comenzó a ser desmantelada. Sin embargo, muchos de sus integrantes serían poco después absorbidos por el aparato represivo de la dictadura militar instaurada a comienzos de 1976, que convirtió a los escuadrones de la muerte en un instrumento más dentro de un plan sistemático y orgánico de aniquilamiento de disidentes.

En El Salvador

A fines de los años 70, tras una década de convulsión social y política signada por una escalada de violencia antigubernamental y represión por parte de los regímenes militares que se sucedieron en el poder, El Salvador entró decididamente en un conflicto bélico interno que se prolongó por doce años, con un saldo estimado de 75.000 víctimas entre muertos y desaparecidos.

El asesinato del arzobispo de San Salvador, monseñor Oscar Romero, ultimado por un francotirador mientras se encontraba oficiando misa en marzo de 1980, polarizó aun más a una sociedad profundamente dividida, multiplicándose tanto las manifestaciones populares (movilizaciones, huelgas, ocupaciones pacíficas) como los hechos de violencia (ataques contra objetivos militares, atentados con explosivos contra la prensa, agresiones a ciudadanos norteamericanos). En respuesta, el gobierno apeló al terrorismo organizado contra la población civil no combatiente. Se generalizó la actuación de escuadrones de la muerte, convirtiéndose en práctica habitual las detenciones arbitrarias, los asesinatos y las desapariciones de dirigentes y activistas políticos, en las ciudades, y las ejecuciones sumarias colectivas en medios rurales.

En ese contexto, cinco grupos de oposición armada se unieron para formar el Frente Farabundo Martí para la Liberación Nacional (FMLN), que buscaba la instauración del socialismo por la vía de la guerra popular prolongada. A principios de 1981, lanzaron la llamada "Ofensiva Final", lo que implicó la implantación del estado de sitio y la internalización del conflicto. Por un lado, Estados Unidos amplió la ayuda económica y militar al gobierno, enviando pertrechos y asesores en lucha antisubversiva y contribuyendo a la formación de batallones de elite. Por el otro, las fuerzas rebeldes recibieron el apoyo (en armas y milicianos) de Cuba y Nicaragua.

Los Acuerdos de Paz de Chapultepec de enero de 1992, que pusieron fin a la guerra civil, contemplaron la realización de una investigación bajo los auspicios de las Naciones Unidas sobre las violaciones a los derechos humanos cometidas durante el período 1980-1991. La Comisión creada al efecto recibió testimonios directos sobre 817 víctimas de los escuadrones de la muerte. Éstos son definidos como grupos de personas usualmente vestidas de civil, fuertemente armadas, que actuaban clandestinamente, ocultando su afiliación e identidad. Se destaca que estaban ligados a estructuras estatales por "participación activa o por tolerancia" tanto de autoridades civiles como militares, y que su accionar sobrepasó las características de fenómenos aislados o marginales, para convertirse en una práctica sistemática de eliminación física de opositores políticos. De este modo, los escuadrones de la muerte se transformaron en el patrón por excelencia de la "guerra sucia", que terminó por destruir cualquier vestigio de estado de derecho durante el conflicto armado.

En dicho informe, además, se señala que este tipo de formaciones ha tenido una historia de larga data en el país, que se remonta a principios del siglo XX, cuando se estableció una connivencia entre empresarios y terratenientes con las fuerzas de seguridad e inteligencia. El resultado fue la institucionalización del terror como instrumento de control social. En una suerte de "privatización" de la violencia, los comandantes locales de la Guardia Nacional "alquilaban" soldados para proteger los intereses de los grandes propietarios. Este vínculo quedó en evidencia durante las matanzas de campesinos de la década del 30, en que el aplastamiento de los focos de rebelión tuvo visos de etnocidio, es decir, la intención de destruir los rasgos culturales del pueblo indígena Pipil.

Hacia la década del 60, desde la propia jefatura de la Guardia Nacional se organizó una estructura paramilitar denominada Organización Democrática Nacionalista (ORDEN), que funcionaba como red de inteligencia para identificar y eliminar supuestos comunistas en las zonas rurales. Una de las características distintivas era que los grupos operativos estaban compuestos por campesinos y asalariados agrícolas, quienes se encargaban de la represión en sus propios ámbitos.

El golpe de 1979, que encumbró en el poder a una facción castrense reformista, agudizó las tensiones internas. Los sectores conservadores veían con temor a un gobierno que no se mostraba decidido a la hora de combatir la "infiltración marxista". Proliferaron entonces los escuadrones, algunos de procedencia civil y otros estructurados directamente bajo la órbita de las fuerzas de seguridad, aunque la frontera entre ambos se vio desdibujada por el apoyo y complicidad de las instancias estatales. En conjunto, fueron responsables tanto de episodios de aniquilamiento masivo como de asesinatos selectivos de personalidades destacadas.

Una de las particularidades del paramilitarismo en El Salvador fue el involucramiento directo de empresarios y miembros de la oligarquía, que aportaron armas y dinero, pusieron a disposición sus fincas, vehículos y guardaespaldas, e incluso participaron activamente en la logística de los operativos. Entre ellos, se sindica a Ricardo Sol Meza, uno de los dueños del hotel Sheraton y director de la filial local de Coca Cola Co., y su cuñado Hans Christ (ambos pertenecientes a las grandes familias latifundistas), Constantino Rampone (empresario de la construcción) y Ernesto Panamá (diplomático).

Por su nivel de actividad y alcance territorial, sin duda los más relevantes fueron los comandos que funcionaban en las secciones de inteligencia de los organismos de seguridad (se afirma que cada unidad militar y cada cuerpo de la Guardia Civil tenían a su cargo al menos un escuadrón de la muerte). Por este motivo, al momento de analizar las múltiples violaciones a los derechos humanos cometidas en el período, resulta difícil discernir cuáles se vinculan a "excesos" en el legítimo uso del poder represivo del Estado y cuáles se relacionan lisa y llanamente con un accionar clandestino e ilegal. Por caso, existe abundante evidencia de que las Fuerzas Armadas, en el curso de operaciones antiguerrilleras, llevaron a cabo ejecuciones masivas de campesinos (hombres, mujeres y niños), que no estaban armados ni ofrecían resistencia; simplemente se los consideraba colaboradores de los rebeldes. Con ello se buscaba, adicionalmente, obtener un efecto demostrativo: advertir sobre la suerte que correrían todos aquellos que prestaran asistencia a los sediciosos, como parte de una táctica de "quitarle el agua al pez", es decir, destruir las comunidades que podían servir como base de apoyo de la insurrección. Entre los años 1980 y 1982, y sólo en tres incidentes ocurridos en El Mozote, Río Sumpul y El Calabozo, perdieron la vida más de 700 personas, muchas de las cuales eran refugiados que estaban intentando huir a Honduras. Entre los hechos de mayor repercusión, atribuidos a escuadrones de la muerte originados en ámbitos castrenses y policiales se destacan:

+ Asesinato de Mario Zamora (febrero de 1980): este dirigente del Partido Demócrata Cristiano y Procurador General de la República se encontraba en su domicilio en una reunión familiar, cuando un grupo de seis personas, con los rostros cubiertos, ingresó por los techos de la vivienda. Lo aislaron del resto de los invitados y lo condujeron al cuarto de baño, donde lo ultimaron a balazos.

+ Ejecución colectiva en Tehuihucho (julio de 1980): con un curioso *modus operandi*, arribó a este poblado un grupo de unas cien personas, armadas y ataviadas como campesinos, que se identificaron como guerrilleros. Convocaron a los habitantes al campo deportivo (llevándolos incluso por la fuerza), separaron a catorce personas según un listado (doce hombres y dos mujeres), a las que condujeron a una zona montañosa cercana y luego las acribillaron. Se estableció que el autor intelectual de la masacre fue un teniente coronel del Ejército, afectado personalmente por una disputa preexistente por la tenencia de una propiedad, que reclutó a miembros de la Brigada de Artillería y de Defensa Civil para tales fines.

+ Asesinato en el hotel Sheraton (enero de 1981): José Viera (presidente del Instituto de Transformación Agraria), Michael Hammer y Mike Pearlman (asesores estadounidenses del Instituto Americano de Sindicalismo Libre) fueron ametrallados por dos sicarios mientras se encontraban en la cafetería del hotel, a la vista de todos los presentes. Las investigaciones determinaron que el hecho fue planificado por un teniente, un capitán y un empresario, y que los ejecutores eran agentes de la Guardia Nacional.

Otro eje fundamental de la actuación de los grupos de exterminio se vincula con el exmayor Roberto D'Aubuisson. Pasado a retiro por el movimiento golpista de 1979, aglutinó en torno suyo a la derecha salvadoreña, convirtiéndose en el líder de un proyecto político, materializado en la fundación del partido Alianza Republicana Nacionalista (ARENA), que se presentaba como el único capaz de frenar la toma del poder por parte de la izquierda. Sobre la base de sus conocimientos del sistema de inteligencia nacional –se había desempeñado como director de la Agencia Nacional de Servicios Especiales–, sus fluidos contactos con elementos militares y su ascendiente en los sectores civiles económicamente poderosos, D'Aubuisson conformó y dirigió grupos de acción directa, dedicados a la realización de atentados individuales, raptos y sabotajes contra opositores e individuos sospechados de pertenecer o colaborar con la guerrilla. Con soporte internacional (de la derecha guatemalteca, de exiliados salvadoreños, de asesores argentinos y franceses expertos en contrainsurgencia), coordinó una amplia red de escuadrones con presencia en casi todo el territorio de El Salvador. Muchas de ellas tuvieron carácter efímero, actuaron sin nombre y de forma ad hoc; mientras que otras tuvieron una constitución más orgánica y permanente, como la Brigada Anticomunista Maximiliano Hernández Martínez, las Fuerzas Armadas de Liberación Anticomunista-Guerra de Eliminación (FALANGE), Unión Guerra Blanca, y Ejercito Secreto Anticomunista.

Entre otros crímenes, se le atribuye a D'Aubuisson haber impartido la orden para matar a monseñor Romero. El día anterior al magnicidio, el religioso había pronunciado una recordada homilía en la catedral metropolitana, en que la hizo un vibrante llamamiento para frenar la guerra fraticida, instando a los uniformados a no obedecer órdenes de aniquilamiento de compatriotas.

Pese al cese de hostilidades y la incorporación del Frente Farabundo Martí a la vida democrática, la violencia no desapareció de El Salvador. La persistencia de homicidios y atentados durante 1993 llevó a la creación de una comisión investigadora de los "Grupos Armados Ilegales con Motivación Política en El Salvador", cuyo informe final echa luz sobre aspectos decisivos de los escuadrones de la muerte.

En cuanto al financiamiento, se señala que se nutrían de diversos mecanismos: oficinas de seguridad del gobierno; secuestros extorsivos y aportes de miembros adinerados de la oligarquía dentro y fuera del país (especialmente residentes en Guatemala y Miami). Además, contaban con el apoyo de "personas derechistas de Argentina, Venezuela, México y otros países de América Latina, así como de organizaciones como la Liga Anticomunista Mundial". Muchos de los sicarios recibieron adiestramiento en el exterior, principalmente en Costa Rica, Guatemala y Venezuela.

Respecto de la organización, se puntualiza que cada escuadrón rara vez tenía más de veinte miembros, generalmente operaban en grupos de diez o menos; su estructura en general no era permanente, sus integrantes ejercían otras profesiones u oficios a tiempo completo y solamente se juntaban para planificar y ejecutar acciones terroristas. La membresía y los rangos eran laxos, pero la dirigencia era estable; incluso hubo casos en que los líderes de varios grupos coordinaban acciones conjuntas. Fue común el uso de "casas de seguridad", donde llevaban a las víctimas para interrogatorios, tortura y muerte, se planificaban actividades y almacenaban armas.

También se hace referencia a la protección oficial que gozaban los escuadrones de la muerte ante posibles acciones judiciales o cualquier otro tipo de interferencia gubernamental. Esta garantía de impunidad era, ante todo, resultado de las alianzas políticas y personales entre funcionarios del Estado y dirigentes de los grupos ilegales. El mencionado informe es, además, contundente respecto de las perspectivas a futuro. En este sentido, lo que se verificó es una mutación y atomización de las estructuras que funcionaron durante la guerra civil, que ya no buscan enfrentar a un "enemigo interno" sino desestabilizar el proceso de paz y crear las condiciones para una militarización de la sociedad. En forma concomitante, se dio un fenómeno en que la violencia con fines políticos se "mimetizó" con el mundo del crimen organizado y la delincuencia común (narcotráfico, lavado de dinero, contrabando de armas, robo de vehículos, asalto a transportadoras de caudales). Y si bien en esta etapa no se puede hablar de que la existencia de grupos ilegales obedeciera a una política de Estado, es indudable que no eran totalmente ajenos al aparato estatal.

En una línea similar se expresó la organización no gubernamental Amnistía Internacional, que ya en 1996 señaló la preocupación por el resurgimiento de formaciones clandestinas –como la autodenominada Fuerza Nacionalista (FURODA)– y la continuidad de homicidios, atentados y amenazas de muerte contra políticos de la oposición, curas, y directores de periódicos, emisoras de radio y canales de televisión. Y también advirtió sobre la emergencia de grupos que, con el pretendido propósito de combatir la delincuencia, actúan como escuadrones de la muerte orientados a la "limpieza social", tema que se desarrollará en capítulos posteriores.

Para concluir, merece una especial mención la injerencia directa de Estados Unidos en la guerra civil salvadoreña, por cuanto decantó en un modelo de intervención norteamericana en el exterior que tiene aplicación hasta nuestros días.

Según información revelada por la organización Wikileaks, la experiencia en El Salvador fue compilada en 1994 en un manual confidencial titulado "Técnicas y Procedimientos de Tácticas de Defensa Interiores en el Extranjero para Fuerzas Especiales", que constituye la doctrina oficial de las Fuerzas Especiales para la llamada defensa interna en el extranjero. Ya en el siglo XXI, el nuevo "eje del mal" no es el comunismo sino el terrorismo internacional, pero los métodos son los mismos. Con el modelo de contrainsurgencia empleado en Centroamérica en la década del 80, Estados Unidos, tras invadir Afganistán (2001) e Irak (2003), ha promovido en esos países la formación de escuadrones de la muerte y cuerpos de autodefensa civil. Muchos analistas, incluso, sostienen que actualmente el Pentágono lleva adelante un programa encubierto para el reclutamiento y entrenamiento de brigadas de exterminio en Siria, en el marco del conflicto armado interno desatado en 2011.

En Honduras

Tras veinte años de regímenes militares, en 1982 asumió la Presidencia de la República Roberto Suazo Córdova, del centroderechista Partido Liberal. Hasta ese momento la actividad de grupos guerrilleros, principalmente el Frente Popular Revolucionario López Zelaya y el Movimiento Revolucionario Francisco Morazán, era relativamente escasa. Pero el contexto regional era de una gran inestabilidad, marcado por la victoria del sandinismo en Nicaragua y la presencia de focos insurreccionales en El Salvador y Guatemala.

En la percepción del flamante gobierno, compartida por los altos mandos militares, existía una clara amenaza comunista cercando a Honduras, lo que llevó a consolidar una alianza estratégica con Estados Unidos. La administración norteamericana, por entonces en manos del republicano Ronald Reagan, envió divisiones enteras de especialistas en inteligencia, coordinó la llegada de expertos en contrainsurgencia argentinos y chilenos, y decuplicó la ayuda económica directa.

Honduras se convirtió así en una base militar de entrenamiento, provisión de armas y recursos tanto para las fuerzas gubernamentales salvadoreñas y guatemaltecas como para la "contra" nicaragüense. En el plano interno, y bajo el liderazgo del comandante del Estado Mayor Conjunto de las Fuerzas Armadas, general Gustavo Álvarez Martínez, se crearon destacamentos especiales de lucha antisubversiva dentro de los cuerpos castrenses y policiales.

En forma paralela, surgieron varios comandos ilegales, algunos de ellos de estructura informal y dirigidos por oficiales en actividad, a los que se conocía con nombres genéricos como "Grupo de los 14" o "Grupo de los 10". Otros se hallaban enquistados dentro de los órganos de seguridad, como la Dirección de Investigaciones Especiales (DIES), la Fuerza de Seguridad Pública (FUSEP) y el Batallón 3-16.

De acuerdo con el informe del Comisionado Nacional de los Derechos Humanos, en conjunto se los considera responsables por el secuestro, tortura, desaparición y asesinato de por lo menos 179 personas en el período 1980-1992. Las víctimas fueron estudiantes, profesores, periodistas, dirigentes sindicales y activistas de derechos humanos, tanto de nacionalidad hondureña como extranjeros. Se trató de una práctica sistemática de delitos cometidos por agentes del Estado o personas protegidas por éste, de una red clandestina e ilegal que, a diferencia de las organizaciones criminales, "abusó del poder oficial que conlleva el ser miembro de las Fuerzas Armadas o policiales y pretendió obtener legitimidad con el argumento de actuar en nombre de la seguridad de la nación". En cuanto al patrón de desapariciones forzadas, se señala que eran hechos repetitivos, tanto por su número como por sus características, realizados con fines similares y metodología común; es decir, no constituyeron crímenes excepcionales o aislados. Las detenciones ilegales culminaban casi invariablemente en la desaparición definitiva, la indeterminación del paradero de la persona detenida o la de su cuerpo luego de una ejecución extrajudicial. Fueron bastante infrecuentes las desapariciones temporales con reaparición. Los mecanismos de protección constitucional, como el hábeas corpus, resultaban impracticables y/o no alcanzaban ningún resultado, del mismo modo que la investigación judicial de los hechos denunciados era totalmente infructuosa.

Del análisis de casos se desprende que hubo dos tipos de *modus operandi*: uno más selectivo, dirigido a individuos considerados "peligrosos", que era planificado y ejecutado por unidades especializadas, que realizaban trabajos previos de inteligencia y contaban con importante caudal de información clasificada proveniente de agencias estatales. Sin dudas, en este esquema el más representativo fue el Batallón 3-16, creado oficialmente por el propio Álvarez Martínez como brigada especial de inteligencia, pero que en los hechos actuó como un órgano paramilitar de exterminio. Algunos de sus miembros recibieron entrenamiento en operaciones psicológicas y técnicas de "explotación de recursos humanos" por parte de instructores de la CIA, incluyendo ejercicios prácticos en los que se interrogaba a prisioneros reales. No obstante, su estructura y funcionamiento era un calco del Batallón 601, que operó en Argentina bajo la órbita del Ejército, que era visualizado como un modelo exitoso de lucha contrainsurgente.

Otra modalidad respondía a la acción cotidiana de los grupos operativos militares y/o policiales; era más improvisada y permeable a "errores" en la selección e identificación de los objetivos. En ambos esquemas, subyacía la concepción de que los procedimientos legales (que debían incluir la intervención judicial) eran lentos, ineficaces y hasta innecesarios. Adicionalmente, se igualaba oposición ideológica o gremial con enemigo militar, por lo que no había discriminación entre los culpables de actos ilícitos y los sospechosos de serlo; todos eran secuestrados o ejecutados.

La vigilancia y seguimiento de sospechosos y la infiltración de organizaciones políticas y sociales se volvieron práctica corriente, así como las capturas ilegales en lugares públicos o en los domicilios de las víctimas, áreas que eran "despejadas" previamente para asegurar que no hubiera ningún tipo de obstaculización por parte de otros cuerpos de seguridad. Las armas empleadas en los operativos eran de uso reservado a los efectivos de las fuerzas de seguridad, y se utilizaban vehículos con cristales polarizados, lo que conforme a la legislación requiere autorización oficial. Las personas secuestradas eran vendadas, llevadas a centros secretos e irregulares de detención y trasladadas de un sitio a otro, interrogadas y vejadas cruelmente. La mayoría de las víctimas fueron ejecutadas, y sus cuerpos enterrados en fosas innominadas o abandonados en lugares ocultos y apartados. Para 1993 se había logrado identificar al menos trece "botaderos de cadáveres", mayormente ubicados en zonas rurales y a la vera de carreteras, pero también en basureros y baldíos de Tegucigalpa.

La fachada civil para sostener económicamente parte del aparato represivo clandestino era la Asociación para el Desarrollo de Honduras (APROH) –cuyo presidente era nada menos que Alvarez Martínez– que aglutinaba a los sectores conservadores del estamento militar y los grupos económicos dominantes. Si bien de acuerdo con los estatutos los propósitos de la institución eran completamente inocentes y sus integrantes adherían a título personal, lo cierto es que allí estaba representadas corporativamente la gran empresa y la derecha hondureña. En sus documentos de "uso interno", entre otras propuestas, se planteaba resolver la crisis de Centroamérica, solicitando a Estados Unidos la invasión a Nicaragua; mantener gobiernos electos democráticamente pero bajo control militar para desalentar los movimientos insurgentes; estructurar patrullas civiles de contención de la amenaza comunista en zonas rurales.

En Perú

Fundado en la década del 60 como movimiento de orientación maoísta, Sendero Luminoso nació en los ámbitos universitarios del departamento de Ayacucho, en la zona serrana del sudoeste de Perú. Tras ganar influencia en los centros estudiantiles de otras regiones del país, hacia 1980 y ya escindido del Partido Comunista Peruano, se constituyó como organización armada. Con la estrategia de instaurar una "guerra popular" desde el campo hacia la ciudad, inició una serie de acciones, que incluyeron ataques contra bienes de infraestructura (líneas de alta tensión, carreteras, ferrocarriles), atentados con coches-bomba contra edificios públicos, asesinatos de autoridades civiles, y la toma de poblaciones, llegando controlar territorialmente algunas zonas de los departamentos de Ayacucho, Apurimac y Huancavelica.

Sin embargo, la brutalidad de los métodos senderistas, que ejecutaban sin piedad a quienes consideraban "enemigos de la revolución" –categoría que incluyó maestros, dirigentes sindicales, sacerdotes–, generó el surgimiento de las llamadas Rondas Campesinas. Estos grupos comunales de autodefensa, constituidos con la misión de vigilar y proteger a sus respectivas comunidades, fueron degenerando en muchos casos hacia formas paramilitares de lucha contrasubversiva, lo que incrementó la espiral de violencia. Con la complicidad –o por lo menos la tolerancia– de las Fuerzas Armadas, una parte del campesinado pasó entonces de una actitud defensiva a una estrategia ofensiva claramente dirigida a la eliminación física de los insurgentes.

Paralelamente, hacia 1982, se consolidó el Movimiento Revolucionario Tupac Amaru (MRTA), como organización político-militar de ideología marxista-leninista (aunque no alineada con la Unión Soviética ni con China). Con su base de operaciones en las regiones de Junín y Lima (centro del país), desplegó una intensa actividad de propaganda destinada a propiciar una "guerra revolucionaria del pueblo" con sustento en las masas trabajadoras. Con tácticas de guerrilla urbana, protagonizaron la toma de radioemisoras, asaltos a armerías, atentados contra proveedoras de servicios públicos y subsidiarias de firmas norteamericanas. Luego pasaron a una fase de "hostigamiento", que incluyó ataques contra puestos policiales y agencias estatales, incursiones en la zona selvática del noreste peruano y secuestro de empresarios.

Durante el gobierno de Alan García, del Partido Aprista Peruano (1985-1990), se conformó el Comando Rodrigo Franco, integrado principalmente por jóvenes reclutados en la universidad privada limeña Garcilaso de la Vega, muchos de los cuales fueron enviados a Corea del Norte con el fin de ser entrenados en temas de seguridad y manejo de armas. Estructurados en varios grupos y apoyados operativamente por pequeños contingentes de policías, cumplían funciones tanto en la seguridad personal de altos funcionarios públicos como en la ejecución de tareas de inteligencia, intimidación y asesinatos selectivos de elementos "subversivos".

Según la Comisión de la Verdad y Reconciliación, la organización estuvo dirigida por el entonces ministro del Interior Agustín Mantilla, en coordinación con los cuerpos de elite de la Dirección de Operaciones Especiales y de la Dirección contra el Terrorismo, ambas pertenecientes a la Policía Nacional.

El primer hecho reivindicado públicamente por el Comando fue el homicidio de Manuel Febres Flores, abogado defensor de miembros de Sendero Luminoso encarcelados, en julio de 1988. Este hecho fue justificado a través de un comunicado entregado a los medios de prensa, en el que se afirmaba: "Cansados de la incapacidad del gobierno y de la indecisión de las fuerzas del orden ... y en nombre de las docenas de personalidades, autoridades regionales, soldados y policías asesinados y cuyos autores no han sido castigados".

También se le atribuye responsabilidad en el fallido atentado con explosivos al diario *Marka*, catalogado como órgano oficioso del senderismo, y en los asesinatos de Saúl Cantoral (secretario general de la Federación Nacional de Trabajadores Mineros, Metalúrgicos y Siderúrgicos), Consuelo García (activista de los derechos de las mujeres), Miguel Pasache y Sócrates Porta Solano (estudiantes universitarios de simpatías por el MRTA).

Los miembros del Comando recibían entrenamiento en la sede de la Dirección de Operaciones Especiales, utilizaban a menudo nombres falsos y contaban con documentos oficiales del Ministerio del Interior para sus desplazamientos por el interior del país. Asimismo, los recursos para financiar los operativos eran administrados por el jefe de Logística de la Dirección General de Inteligencia de ese ministerio, quien tenía a su cargo un "Fondo de preservación del orden interno", creado por un decreto secreto de 1987.

La llegada al poder de Alberto Fujimori en 1990, significó un decisivo cambio de rumbo. Por un lado, se dio estatus legal a las rondas campesinas contrasubversivas, que bajo la denominación de Comités de Autodefensa (CAD) fueron reconocidas como organizaciones "libres y espontáneas de la población" y puestas bajo control de los comandos militares de sus respectivas áreas geográficas.

Por otro lado, al amparo de una nueva legislación antiterrorista y de un eficiente un sistema de inteligencia, se encaró una ofensiva militar a gran escala que, auxiliada por las organizaciones campesinas, consiguió desarticular completamente a los dos grupos guerrilleros.

Pero ello se logró en un marco de dudosa legalidad, sobre todo a partir del autogolpe de 1992, mediante el cual se disolvió el Poder Legislativo y se suspendió la actividad del Poder Judicial, lo que sirvió para garantizar la impunidad de los agentes estatales implicados en la violación de los derechos humanos.

En este contexto actuó el Grupo Colina, un destacamento que funcionó dentro del Sistema de Inteligencia Nacional (SIN) bajo la dirección del capitán del Ejército Peruano Santiago Martín Rivas. En rigor, su existencia no era clandestina, ya que dependía administrativa y funcionalmente de la Dirección de Inteligencia del Ejército; clandestina era la verdadera naturaleza de sus actividades.

De acuerdo con la información recabada por la Comisión de la Verdad y Reconciliación, los distintos grupos operativos estaban conformados por suboficiales, recibían adiestramiento específico en instalaciones militares, contaban con armamento y movilidad propiedad del Estado, y sus miembros, además de su salario, eran retribuidos con diferentes "estímulos" mediante fondos provenientes de partidas presupuestarias secretas. También utilizaban como fachada un inmueble perteneciente a una supuesta empresa de construcciones e ingeniería civil, donde funcionaba un equipo de radio y se realizaban las reuniones de coordinación entre los jefes de los subgrupos.

Si bien aún es motivo de debate el grado de involucramiento de los niveles superiores del gobierno en este entramado, lo cierto es que se ha podido establecer la participación de Vladimiro Montesinos −asesor personal del presidente Fujimori y jefe de facto de la Inteligencia peruana−, como responsable último de impartir órdenes al destacamento Colina.

Respecto a su *modus operandi*, se recurrió a la infiltración de agentes de inteligencia en las organizaciones terroristas, agrupaciones barriales, sindicatos y universidades. Tras elegir a las víctimas por su actividad política, se procedía a su detención para luego ejecutarlas o, simplemente, "desaparecerlas". Su carácter de escuadrón de la muerte estuvo dado, entre otros elementos, por el hecho de que en los operativos los comandos iban pertrechados de palas y picos, destinados a realizar inhumaciones clandestinas. Además, y previendo la eventualidad de que fueran encontradas las tumbas, se cubrían los cuerpos con cal para dificultar al máximo la identificación de los restos. Como dato curioso, puede apuntarse que, sospechosamente, solían ocurrir apagones en las zonas en las que se estaba llevando a cabo un operativo. Otra práctica común fue la dejar pintadas o carteles en el lugar de los hechos, haciendo alusión a Sendero Luminoso o MRTA, con el propósito de confundir sobre su autoría.

Entre los episodios más luctuosos imputados al Grupo Colina, se han registrado:

+ Secuestros y ejecuciones extrajudiciales de estudiantes de la Universidad Nacional del Centro, en Huancayo, departamento de Junín. En esa casa de estudios, en el bienio 1991-1992 se verificaron 43 ejecuciones y 31 desapariciones de estudiantes, docentes y autoridades académicas, atribuidas a las fuerzas del orden. Si bien muchas de ellas fueron responsabilidad del Destacamento Militar instalado en el propio predio de la universidad, se ha comprobado que miembros del Grupo Colina dirigieron algunos operativos.

+ La masacre de Barrios Altos (noviembre de 1991): un comando de diez individuos armados con pistolas ametralladoras, con los rostros cubiertos por pasamontañas, irrumpieron de noche en el local donde se celebraba una reunión vecinal, en un barrio céntrico de Lima, ocasionando la muerte de 15 personas (entre ellas un niño de ocho años de edad) e hiriendo de gravedad a otras cuatro.

+ Desapariciones en El Santa (mayo de 1992): situado en el departamento de Ancash (norte de Lima), el pueblo de El Santa registraba periódicas incursiones de Sendero Luminoso por su ubicación estratégica. En una incursión nocturna que abarcó tres barrios diferentes, nueve campesinos fueron arrancados de sus casas por un grupo de secuestradores, que portaban armas de uso militar, llevaban los rostros cubiertos y se desplazaban en cuatro camionetas. Las investigaciones posteriores permitieron determinar que las víctimas fueron elegidas por su supuesta pertenencia al movimiento "Campesinos sin Tierra", que llevaba adelante una prolongada lucha contra los abusos y arbitrariedades cometidas por la principal empresa molinera de la zona, cuyo dueño era amigo del Comandante General del Ejército. Pese a las innumerables denuncias, actualmente todos los secuestrados permanecen en calidad de desaparecidos.

+ Asesinato de Pedro Yauri (junio de 1992): oriundo de la ciudad de Huacho (en la costa central peruana), este sociólogo y periodista conducía un programa radial de gran audiencia, en el que se denunciaban la corrupción del gobierno y los excesos cometidos en el marco de la guerra antisubversiva. En horas de la noche, fue sacado de su vivienda por un grupo de seis hombres fuertemente armados y vestidos de comando, quienes luego de maniatarlo, golpearlo y apoderarse de sus objetos personales, lo subieron a un vehículo. Desde entonces se desconoce su paradero.

+ La masacre de "La Cantuta" (julio de 1992): tuvo lugar en la Universidad Nacional Enrique Guzmán, ubicada en la periferia de Lima, donde se registraba una activa militancia de izquierda, vinculada a Sendero Luminoso. El centro académico había sido intervenido en 1991, estableciéndose allí una unidad del Ejército que impuso el toque de queda y el control de ingreso y egreso de los estudiantes. Un año más tarde, en horas de la madrugada, un grupo comando de Colina irrumpió en las viviendas universitarias y secuestró a nueve estudiantes y un docente. Años después sus cuerpos fueron hallados en fosas clandestinas, con evidentes signos de torturas.

+ Asesinato de Pedro Huilca (diciembre de 1992): como secretario general de la Confederación Gene-

ral de Trabajadores del Perú (CGTP), Huilca había
liderado en julio de 1992 una denuncia contra el gobierno de Fujimori ante la Organización Internacional del Trabajo (OIT), por la conculcación de los derechos de los trabajadores. Cinco meses después, fue
acribillado a balazos en la puerta de su casa, en Lima,
por un grupo de unos diez hombres, a la vista de su
esposa e hijos.

En Guatemala

La guerra civil que asoló Guatemala por más de tres décadas
fue una de las más prolongadas y funestas en la historia de
América Latina. El quebrantamiento del orden constitucional en 1954 –mediante un golpe militar instigado por la CIA
estadounidense– consolidó un modelo de Estado excluyente
y antidemocrático que favoreció la concentración económica
y la exacerbación de una cultura racista. El clima de agitación
y protesta, que recibía como única respuesta la represión, llevó a una situación de inestabilidad que hizo eclosión a principios de los 60 con el surgimiento de varios movimientos
guerrilleros. Adscriptos a la doctrina marxista en sus diversas
orientaciones y con un tronco histórico común en el entonces
proscrito partido comunista (Partido Guatemalteco del Trabajo), establecieron focos en casi toda la geografía guatemalteca, tanto urbanos como rurales. Combinaron una metodología de atentados, sabotajes, secuestros y asesinatos selectivos
(empresarios, terratenientes, embajadores, funcionarios públicos), con la táctica de propaganda armada y la toma tempo-
ral de pueblos. Más allá de las desarticulaciones y repliegues,
producto de las contraofensivas gubernamentales, lograron el
control de vastas zonas y una importante base social.

De acuerdo con el informe de la Comisión para el Esclarecimiento Histórico, en el período 1960-1996 se registraron
aproximadamente 200.000 víctimas (160.000 ejecuciones y

40.000 desapariciones), atribuyéndose a las fuerzas del Estado y los grupos paramilitares afines la responsabilidad en un 93% de los casos. En este sentido, se verificó una suerte de "Estado dentro del Estado", una intrincada red de aparatos paralelos de represión, que ejerció el control social coercitivo en sustitución de las leyes y los tribunales. Se instauró "un sistema punitivo, ilegal y subterráneo, orquestado y dirigido por las estructuras de inteligencia militar", que fue complementado por la colaboración directa o indirecta de sectores económicos y políticos dominantes, y por un sistema judicial que, por omisión o acción, propició la impunidad.

En este panorama le cupo un decisivo rol a los Estados Unidos, que bajo el influjo de la Guerra Fría tejió una alianza con los partidos políticos de derecha y los diversos sectores de poder guatemaltecos, que abrazaron sin fisuras los lineamientos de la cruzada anticomunista norteamericana. A cambio, Guatemala recibió asistencia y recursos para reforzar los aparatos de inteligencia y entrenar a la oficialidad en la guerra contrarrevolucionaria. En este orden de ideas, se sostiene que la estrategia antisoviética inscripta en la doctrina de seguridad nacional asumió en Guatemala "primero un sentido antirreformista, luego antidemocrático y, en último término, contrainsurgente convertido en criminal".

Dicho de otro modo, la magnitud de la respuesta represiva del Estado fue absolutamente desproporcionada en relación con la real fuerza de la insurgencia. Tanto las autoridades como el Ejército magnificaron deliberadamente la amenaza, con lo que la noción de enemigo interno se volvió cada vez más amplia, pasando a incluir toda forma de oposición social, política, económica y cultural. Esto explica que la gran mayoría de las víctimas no fueron combatientes sino civiles.

Más escalofriante aún es la constatación de que el 83% de todas las violaciones cometidas por el Estado fueron contra indígenas mayas y sólo el 17% contra ladinos (población mestiza cuyo idioma materno es el español).

El período más sanguinario de la guerra civil se situó entre 1978 y 1985. La espiral de violencia ingresó en su pico máximo bajo un gobierno formalmente elegido por el voto popular pero en los hechos "títere" del proyecto político de la corporación castrense y los sectores económicos dominantes. El golpe de Estado que encumbró en el poder al general Efraín Ríos Montt, en 1982, profundizó la ola de terror hasta límites inimaginables. Ese mismo año, las cuatro principales organizaciones guerrilleras convergieron en un frente unificado, la Unidad Revolucionaria Nacional Guatemalteca (URNG), redoblando las operaciones en varias zonas del país y en la capital.

En el marco de la contraofensiva gubernamental, se produjo la identificación entre etnia maya e insurgencia, lo que se tradujo en la agresión masiva e indiscriminada a las comunidades, las operaciones de tierra arrasada, el secuestro y ejecución de autoridades, líderes y guías espirituales.

En lo que constituyó un acto de genocidio, la comisión investigadora registró un total de 601 casos de masacres atribuibles al Ejército, las fuerzas de seguridad y las estructuras paramilitares, incluyendo cinco sobre refugiados en territorio mexicano. Más de 400 aldeas fueron desvastadas, lo que en general implicó quema de cosechas, destrucción de viviendas y bloqueo de las vías de aprovisionamiento. Este cóctel de caos y muerte fue acompañado de inenarrables episodios de ferocidad y crueldad extrema, como abusos colectivos de mujeres, torturas públicas, tratos denigrantes. El terror sin precedentes desencadenó la huida masiva de población, mayoritariamente indígena, tanto dentro del país como hacia naciones vecinas, estimándose en un millón los desplazados sólo entre 1981-1983. La naturaleza y escala de esta política ponen en evidencia que no sólo se buscaba quebrar las bases sociales de la guerrilla, sino también socavar la integridad e identidad cultural del pueblo maya, vulnerando sus lazos comunitarios y medios de existencia.

A lo largo de toda la contienda interna, tuvieron destacada actuación las formaciones paramilitares. Los escuadrones de la muerte surgieron a partir de la década del 60 como grupos armados clandestinos cuyo propósito fue combatir las organizaciones políticas, gremiales y los movimientos guerrilleros o de oposición dentro del marco de la lucha contrainsurgente y con la dirección inmediata del Ejército, en particular del área de Inteligencia. No se trató de unidades autónomas, que operaban al margen de los altos mandos, sino estructuras orgánicas de accionar oculto que se disfrazaban bajo "un nombre" como un mecanismo de la guerra psicológica, con el objeto de infundir miedo a la población. De esta manera, se encubría la participación de militares, garantizando que no se imputaran a agencias estatales las violaciones de derechos humanos. En este sentido, existen suficientes pruebas de que el personal, los armamentos, la financiación y la instrucción operacional fueron proporcionados en su mayor parte por el Ejército. El nivel de impunidad con que se movían estos grupos hizo posible que algunas de sus acciones tuvieran móviles privados y patrimoniales (venganza, apropiación de bienes).

Un operación "típica" realizada por Inteligencia suponía la identificación y recopilación de información del sujeto considerado sospechoso (archivos médicos, escolares, laborales, etc.); el control de sus comunicaciones (interceptando sus teléfonos) y el seguimiento (para establecer sus rutinas diarias). La planificación del operativo incluía la designación de un responsable (generalmente un oficial con rango de capitán o mayor), los vehículos a utilizar (mayormente robados o con placas adulteradas) y el tipo de armamento (fundamentalmente armas cortas automáticas o revólveres). Las órdenes eran verbales, no se llevaban registros escritos, y la organización era compartimentada, de modo que los distintos participantes de un mismo operativo —que eran identificados con apodos— ignoraban las tareas de los demás. Asimismo, era frecuente que, en el momento de llevar a cabo el secuestro o ejecución, la zona perimetral se "limpiaba" de agentes de la fuerza pública. Cuando el objetivo era obtener información de la víctima, ésta era trasladada a un sitio clandestino de detención (casi todas las instalaciones militares y policiales del país dispusieron de espacios a estos fines, aunque también se recurrió a propiedades privadas). Los comandos que participaban en la captura no eran los mismos que realizaban los interrogatorios y la tortura.

En muchos casos se involucró a elementos civiles, que cumplieron por cuenta del Estado tareas militares y de espionaje y, sobre todo, acciones de control de la población y del orden interno. Éstas incluyeron la delación, la persecución y la captura de opositores, acompañadas de métodos de represión (tortura, desapariciones y ejecuciones extrajudiciales). Principalmente, se recurrió a comisionados militares (civiles contratados como auxiliares de las fuerzas armadas, con autoridad comunal), empleados de dueños de grandes fincas, militantes de partidos políticos de ultraderecha y miembros del cuerpo de investigadores del Poder Judicial (conocidos como "los judiciales").

De los 35 escuadrones identificados, 15 iniciaron su actividad en el año 1966. Uno de los primeros, surgido en la ciudad capital, fue el Movimiento de Acción Nacionalista Organizado (MANO), también llamado La Mano Blanca, que contaba con el respaldo explícito del partido político de derecha Movimiento de Liberación Nacional y se financió en sus primeros años con aportes de empresarios. Posteriormente fue cooptado por el Ejército —se dice que recibía órdenes directas del entonces ministro de Defensa, coronel Rafael Arriaga Bosque—, y sumó la colaboración de efectivos del cuerpo de Policía.

Un fenómeno curioso de este período es que otros grupos, como el Comité de Resistencia Anticomunista de Guatemala (CRAG), la Nueva Organización Anticomunista (NOA) y el Consejo Anticomunista de Guatemala (CADEG), que aparecieron hacia finales de los 60, fueron aparentemente organizaciones fantasmas que sirvieron de cobertura a La Mano Blanca.

Una práctica usual fue la de dar a publicidad listas de personas "peligrosas", a las que se calificaba de "renegados de su nacionalidad", "antipatrias", "archicomunistas". Con lemas como "Comunista visto; comunista muerto", cientos de estudiantes, sindicalistas y dirigentes políticos resultaron amenazados (y varios de ellos, efectivamente ajusticiados).

Entrados los años 70, emergieron nuevos escuadrones como Ojo por Ojo, Comando Anticomunista del Sur y Ejército Secreto Anticomunista (ESA), que se desplegaron particularmente en la región de Oriente y en la capital. Incluso hubo uno con el objetivo específico de ejecutar salvadoreños residentes en Guatemala (Guerrilla Acción Libertadora Guatemalteca Antisalvadoreña). A principios de los 80, empezaron a surgir en los departamentos de El Quiché y Petén, de población mayoritariamente maya.

En ese momento la presencia de los movimientos guerrilleros se había extendido, especialmente en el norte y occidente del país, por lo que bajo la conducción del jefe del Estado Mayor del Ejército se lanzó una estrategia contrainsurgente de involucramiento de la población civil en las acciones bélicas. Aunque la medida tuvo alcance nacional, afectó sobre todo zonas de asentamiento indígena, en las que se impuso de forma coercitiva una militarización que desestructuró el sistema de autoridad comunal. Detrás de una proclamada organización libre y voluntaria en pos de la seguridad ciudadana, lo que se escondía era una movilización compulsiva que constituyó una nueva forma de utilización de la fuerza laboral indígena de modo extendido y sin costo. Servía, además, al propósito de desarticular la confianza entre vecinos y las redes de solidaridad, erosionando posibles bases de apoyo a los rebeldes. En definitiva, se trataba de contar con una vía de control social ampliado, en la que la misma población vigilara los movimientos de los habitantes, y rindiera informes cuando detectara cualquier actividad dudosa.

De este modo, en 1981 se comenzaron a formar las primeras Patrullas de Autodefensa Civil (PAC) organizadas por miembros del Ejército, que muchas veces recurrían para ello al reclutamiento forzoso, estimándose que en ese año abarcó a unos 25.000 hombres. El sistema de patrullas fue institucionalizado en 1982, en el marco de la política de "Fusiles y frijoles" implementada por el presidente de facto Ríos Montt, que pretendía derrotar a la guerrilla ganándose la confianza de los sectores campesinos e indígenas, a cuyo fin el Estado les garantizaba la provisión de alimentos a la vez que les suministraba armas para que se defendieran por sí mismos de la subversión. Subordinadas jerárquicamente a las autoridades militares a partir de su legalización, según las propias fuentes castrenses de la época cerca de un millón de personas llegaron a ser incorporadas a este esquema (cuando la población total de Guatemala ascendía a poco más de seis millones). No obstante, cabe señalar que esta participación fue en muchos casos un mecanismo de supervivencia de los pobladores, ya que las represalias y castigos por mantenerse al margen de las PAC o no prestar colaboración solían ser atroces.

La organización de las patrullas seguía el modelo de un pelotón del Ejército, compuesto aproximadamente por cuarenta integrantes, divididos en escuadras de ocho personas (que debían cubrir por turnos la vigilancia durante las 24 horas del día), con un jefe designado por los comandantes de los destacamentos militares de la jurisdicción y un encargado de "platicas ideológicas". Todos ellos recibían del Ejército instrucción en temas de combate, manejo de armamento, captura e interrogación primaria, en un ambiente de una profusa propaganda anticomunista. Si bien no era la práctica habitual, existen constancias de que en algunos sitios fueron reclutados niños, mujeres y ancianos.

Dentro de las facultades asignadas a los patrulleros, se encontraban la de solicitar los documentos de identificación a quienes ingresaban o que pasaban cerca de sus comunidades; determinar áreas y horarios restringidos de paso; decretar toques de queda, y arrestar sospechosos. El hecho de que les fueran suministradas armas los exponía a las consecuencias de una participación activa en operaciones bélicas. Hasta hay registro de episodios en que los patrulleros fueron usados como "escudo humano" por el Ejército. Con esta modalidad organizativa, se potenciaron los delitos de lesa humanidad. Muchos de los detenidos por las PAC –que teóricamente tenían que ser entregados a la autoridad militar– fueron salvajemente torturados, ajusticiados o desaparecidos. Y aunque los miembros de las patrullas estaban claramente registrados –hasta tenían un carnet que los acreditaba como tales–, fueron adoptando estrategias para ocultar su identidad (por ejemplo, el uso de máscaras y capuchas) y borrar las evidencias de su actuación ilegal (incineración de cadáveres, inhumaciones en fosas clandestinas). En el ya mencionado informe de la Comisión de Esclarecimiento, se puntualiza que, del total de violaciones a los derechos humanos documentadas, el 18% fueron cometidas por las PAC (tanto actuando en forma coordinada con el Ejército como autónoma).

El fin de la guerra civil, alcanzado mediante los Acuerdos de Paz de Oslo de 1996, naturalmente implicó el desafío de desarticular la enorme maquinaria de violencia gestada durante décadas. La actividad de grupos de exterminio volcados a la eliminación de enemigos políticos continuó en los años siguientes, cobrando notoriedad en 1998 con el asesinato del obispo Juan Gerardi, promotor de la Comisión de Recuperación de la Memoria Histórica y de la investigación del genocidio guatemalteco, reivindicado por el escuadrón de la muerte Jaguar Justiciero. Y ya en el nuevo siglo, estas estructuras permanecieron con una dinámica parecida pero transmutando sus objetivos hacia la lucha contra los pandilleros y hacia el crimen organizado, materia que será abordada en los siguientes capítulos.

En México

Como en otras naciones del continente, México vivió en las décadas del 60 y del 70 la emergencia de movimientos de insurgencia armada de impronta marxista. La primera acción la llevó a cabo el Grupo Popular Guerrillero en 1965, con el asalto al cuartel del Ejército en Madera, estado de Chihuahua. Integrado por maestros rurales, estudiantes y campesinos, este grupo tuvo corta existencia, pero inspiró a una multitud de organizaciones (unas 29) que nacieron en los años posteriores. Entre los más importantes, por cantidad de combatientes y actos insurreccionales, se encontraban la Liga Comunista 23 de septiembre, cuya actuación se desplegó en grandes centros urbanos como Guadalajara, Monterrey y ciudad de México, y la Brigada Campesina de Ajusticiamiento del Partido de los Pobres, con epicentro en el estado de Guerrero.

La respuesta represiva del Estado, no sólo contra estos grupos sino también contra expresiones de oposición al gobernante Partido Revolucionario Institucional (PRI), por entonces con cuatro décadas en el poder, recurrió con frecuencia a procedimientos por fuera del orden jurídico. Calificada por parte de la literatura y la prensa como "la guerra sucia de los años 70", este accionar incluyó cateos de moradas, detenciones arbitrarias, torturas, privaciones ilegales de la libertad, ejecuciones extrajudiciales y desaparición.

Sin duda, uno de los hitos fue el aplastamiento de una manifestación estudiantil en octubre de 1968, conocida como la matanza de Tlatelolco, en referencia al distrito capitalino en donde tuvieron lugar los hechos. En el marco de una gran efervescencia juvenil y contestataria, que cristalizó en un movimiento social de creciente apoyo popular, el acto masivo convocado en una plaza pública derivó en graves incidentes en los que alrededor de 200 participantes perdieron la vida. Mas allá de lo que podría tildarse como un uso excesivo e ilegal de la fuerza por parte del Ejército —que incluyó disparos a mansalva a la multitud desde helicópteros, prácticas vejatorias hacia los detenidos, allanamientos en las viviendas cercanas en busca de los manifestantes que se habían desperdigado–, la intervención del denominado Batallón Olimpia marcó el principio de la actuación de los escuadrones de la muerte. Conformado por unos 600 efectivos de distintas ramas castrenses, este agrupamiento debe su nombre a que fue instituido originalmente para garantizar la seguridad de las instalaciones afectadas a los Juegos Olímpicos, que se celebraron en la ciudad de México en el mismo mes de octubre de 1968. Sin embargo, desde su creación fue utilizado como grupo de choque para infiltrar y suprimir la protesta. En estas operaciones, sus miembros actuaban de civil, ataviados con un guante blanco en la mano izquierda para poder reconocerse entre sí. En los actos callejeros, su principal función era la de entremezclarse con los participantes, para identificar y aprehender a los organizadores y cabecillas del evento. Pero también actuaban como francotiradores, apostados en los techos de edificaciones vecinas, y en la ocupación estratégica de áreas circundantes.

Poco después hizo su aparición el grupo paramilitar Los Halcones, un desprendimiento de un cuerpo de elite oficialmente destinado a brindar seguridad en el recién inaugurado sistema de metro de la ciudad de México y otros objetivos neurálgicos, que fue asignado a labores de contención y represión. En particular, fue decisiva su participación en la llamada masacre de Corpus Christi, en junio de 1971, cuando una movilización estudiantil fue violentamente dispersada en las calles, con un saldo de más de 100 fallecidos. Armados con palos, garrotes, varas de bambú y armas de grueso calibre, los miembros de este comando persiguieron a los manifestantes incluso dentro de los hospitales a donde habían sido llevados los heridos.

Entre los años 1973 y 1974, se registró un incremento de la actividad guerrillera, con resonantes casos de secuestros seguidos de muerte de personalidades del mundo académico, empresario y político; emboscadas al Ejército y ataques a guarniciones militares con el fin de obtener armamento; asaltos a instituciones bancarias; atentados con bombas y acciones "expropiatorias". La política antisubversiva adoptada entonces se centró en la formación de brigadas especiales, con la misión de exterminar los grupos insurgentes bajo la consigna, más o menos explícita, de "usar sus mismos métodos".

Una de las más notorias fue la Brigada Blanca, surgida hacia 1976 en el seno de la Secretaría de Defensa Nacional y que contó con unos 184 miembros (pertenecientes a esa dependencia, a la Dirección Federal de Seguridad, a la Dirección de Investigaciones para la Prevención de la Delincuencia, a la policía preventiva, al batallón de granaderos, a la Policía Judicial Federal y a las policías judiciales del Distrito Federal y el estado de México). Es decir, se trató de una estructura que comprometió transversalmente a los cuerpos de seguridad —militares y policiales—, cuyos altos mandos se repartían las jefaturas de las distintas áreas internas (control, operaciones, investigaciones, patrulla, etc.). Ello implicó el uso ilimitado de los recursos e infraestructura de sus respectivas instituciones. De hecho, la Brigada tenía a su cargo instalaciones dentro del Campo Militar N.° 1, que fue uno de los principales lugares de detención ilegal en el Distrito Federal.

En el accionar de estos comandos fue común la simulación de enfrentamientos, es decir la ejecución sumaria de prisioneros que luego eran presentados como caídos en combate. Aunque fue usual la infiltración en ámbitos universitarios, no hubo un gran desarrollo de las tareas de inteligencia, sino más bien prevaleció la tortura como método de obtención de información. Igualmente, tuvieron un papel relevante las tareas de hostigamiento, intimidación y vigilancia a sospechosos y sus entornos familiares.

La investigación realizada por la Comisión Nacional de Derechos Humanos en el año 2001 dio por acreditados 275 casos de desaparición forzada en la década de los 70 y principios de los 80, de los que 163 corresponden a la zona rural (con un 95% de víctimas en el estado de Guerrero) y 112 a la zona urbana (con mayor incidencia en el Distrito Federal y el estado de Sinaloa). Se destaca que esta práctica conllevó una serie de acciones previas orientadas a la anulación de la personalidad de la víctima, que comprenden la detención irregular, la retención y sometimiento a interrogatorios, regularmente por medio de tortura física y moral, así como tratos crueles y denigrantes. Se señala que "también se hizo patente que la práctica de la desaparición fue ejecutada o tolerada por servidores públicos del Estado mexicano". Asimismo, detectó otros 97 casos en los cuales sólo existen algunos indicios que, aunque jurídicamente insuficientes, permiten presuponer la existencia de desaparición forzada u otra violación a los derechos humanos.

Capítulo 4
OBJETIVO: CAMPESINOS E INDÍGENAS.
LA SOMBRA DEL ETNOCIDIO

"No somos peces para vivir del agua, ni aves para vivir del aire;
somos hombres y mujeres para vivir de la tierra".
Bernardino Díaz Ochoa, líder campesino nicaragüense, 1964

Durante las guerras contrarrevolucionarias que tuvieron lugar en América Latina en las décadas del 70 y 80, fue muy claro que una importante proporción de las víctimas pertenecían al sector rural y/o a los pueblos originarios. Esta victimización estuvo inscripta en un plan sistemático, asociado a lo que se conoce como terrorismo de Estado, cuya razón de ser era político-ideológica: para erradicar los movimientos de izquierda, era preciso diezmar sus bases de apoyo, de donde, suponían, provenían sus brazos armados.

Pero la historia latinoamericana reciente –aun en tiempos de democracia– ha sido testigo de ataques contra la población campesina e indígena con metodologías similares aunque con motivaciones muy diferentes. Esto quiere decir también de modo oculto, con el amparo o complicidad de instancias estatales, policiales o militares, pero sirviendo a otros propósitos: transculturación, expulsión de un determinada área geográfica, explotación económica de los territorios en donde se asientan (o una combinación de todos ellos). Daremos a continuación dos casos a modo de ejemplo de lo expuesto.

Honduras: tierra ensangrentada

Desde comienzos de 2010, se ha registrado una oleada de asesinatos y secuestros de campesinos, vinculada al conflicto agrario en torno al derecho de acceso a la tierra, que tiene su epicentro en el Bajo Aguán, en el norte del país. Se trata de una zona rica en siembras de palma africana, una planta oleaginosa que constituye el principal recurso económico de la región.

Los orígenes del enfrentamiento entre terratenientes y labriegos se remontan al año 1992 cuando, bajo la administración de Rafael Leonardo Callejas, se sancionó la ley para la Modernización y Desarrollo del Sector Agrícola. Esta medida tuvo un fuerte impacto en el régimen de tenencia de la tierra, ya que en los hechos implicaba un retroceso en el programa de reforma agraria iniciado por gobiernos anteriores. Se produjeron numerosas expropiaciones a asociaciones y cooperativas, vulnerando los derechos que el Estado les asignara en la década de los años 70. Esto dejó a miles de pobladores en una situación precaria, ya que estando en posesión de sus parcelas por decenios empezaron a enfrentar problemas legales por carecer de títulos. También se desmantelaron los servicios de almacenamiento, financiamiento y capacitación, lo que perjudicó el régimen de producción. Por si fuera poco, se vieron afectados por hechos de violencia, como acoso, destrucción de sus cultivos, persecución, expulsión y hasta asesinatos.

Hacia mediados de los 2000, comenzaron a gestarse diversos movimientos de lucha, para los cuales la mencionada ley fue perfectamente funcional. De hecho, constituyó una herramienta fundamental para la estrategia política con que funcionarios estatales, en sociedad con empresarios codiciosos, decidieron adueñarse de 20 mil hectáreas de las mejores tierras del país. Las ocupaciones de fincas y los desalojos violentos se volvieron moneda corriente.

En ese clima de tensión creciente se constituyó, en 2010, el Movimiento Unificado Campesino del Aguán (MUCA), en cuyo manifiesto fundacional se proclama la determinación de recuperar las tierras de seis cooperativas, apropiadas por los empresarios Miguel Facussé (cabeza visible de la corporación Dinant), Reynaldo Canales y Rene Morales. Posteriormente nació el Movimiento Auténtico Reivindicador Campesino del Aguán (MARCA), como una asociación de cooperativas orientada a la recuperación de tierras por la vía legal. Dos años después se fundó el Movimiento de Recuperación de Tierras del Aguan, integrado por más de 250 familias, que también nació con el propósito de lograr la entrega de tierras que se encontraban en manos de Facussé.

La respuesta del gobierno fue la militarización de la región, en el marco de los denominados operativos Xatruch, que implicaron la movilización de efectivos de la policía, las fuerzas armadas y las unidades especiales. Paulatinamente se fue dando una radicalización de la causa campesina y una criminalización de la protesta por parte del Estado. En una escalada de violencia de ambas partes, se multiplicaron las tomas de propiedades, los desalojos, los saqueos, los atentados, las amenazas y raptos con fines de intimidación y las detenciones masivas. Y la lista de víctimas fatales aumentó geométricamente, muchas de ellas acaecidas en el transcurso de los enfrentamientos en las fincas tomadas.

Pero varias de las muertes fueron perpetradas por sicarios que, actuando a cara cubierta y utilizando sofisticado armamento, dispararon a quemarropa a dirigentes campesinos, en una modalidad de asesinatos selectivos que se asemeja al *modus operandi* de los escuadrones de la muerte. Uno de los casos más resonantes fue el asesinato del abogado Antonio Trejo, ultimado a balazos por desconocidos en Tegucigalpa en septiembre de 2012, mientras se encontraba en su auto en la puerta de una iglesia. En su carácter de apoderado legal de MARCA, Trejo llevaba a delante una batalla en los tribunales por la restitución de tierras a favor de los campesinos y pocos días antes de su deceso había denunciado la existencia de un tráfico de influencias de los terratenientes sobre el sistema judicial.

En este contexto adquirieron un papel decisivo los cuerpos de guardias privados que operan al servicio de los terratenientes. Algunos activistas afirman que hay casos en que conforman verdaderos ejércitos, de hasta 200 hombres armados. Se ha denunciado que realizan tareas de inteligencia previa, seguimientos con vehículos sin placa, sesiones de tortura previas a las ejecuciones. Incluso se ha reportado un episodio en que un operativo de desalojo de un asentamiento campesino fue realizado conjuntamente por agentes de un batallón del Ejército y guardias de la transnacional Standart Fruit Co., vestidos todos con el uniforme de las fuerzas armadas hondureñas.

Pese a que a mediados del 2012 se aprobó una reforma legal que limitó la autorización para la portación de armas a personal militar, policial y de seguridad privada en todo el departamento de Colón (donde se encuentra el Bajo Aguán), la virulencia del conflicto apenas ha mermado.

En su informe ante el Parlamento, el Comisionado Nacional de los Derechos Humanos estableció que, como consecuencia de la crisis del Valle del Aguán, entre 2009-2012 se produjeron 92 muertos, (de los cuales, 53 eran campesinos y 24 pertenecían a las fuerzas de seguridad o las guardias privadas de los finqueros), más de 70 heridos y una decena de desapariciones. Al mismo tiempo, se remarca que las responsabilidades de estos hechos no han sido aún esclarecidas, en lo que puede interpretarse como un cuestionamiento a la inacción de las autoridades políticas y judiciales.

Por su parte, la organización internacional Rights Action, en un informe sobre violaciones a los derechos humanos en Honduras publicado en febrero de 2013, ofrece una visión diferente. Allí se refuta la idea de que la mayor parte de las víctimas fatales del conflicto agrario fueron el resultado de "confrontaciones", opinión sostenida por la administración hondureña y el departamento de Estado de Estados Unidos En contraposición, se afirma que por lo menos 77 de los homicidios ocurridos en Bajo Aguán desde 2010, fueron ejecutados por escuadrones de la muerte, y que la mayoría tuvo lugar en la vía pública o en los domicilios particulares de los damnificados. Estos grupos de exterminio están integrados por efectivos policiales y de las guardias privadas de las corporaciones, que actúan en forma coordinada con el Ejército, en particular con el Batallón N° 15 con asiento en Trujillo, capital del departamento de Colón.

Asimismo, se puntualiza que los miembros de ese batallón han recibido entrenamiento por parte del Comando Sur de Operativos Especiales de las fuerzas armadas norteamericanas, en materia de inserción, paracaidismo, explosivos, tiro certero de distancia larga, inteligencia, puntería, operativos urbanos, combate cuerpo a cuerpo, artes marciales y manejo a la ofensiva. Los testimonios de los testigos de los asesinatos indican que las características de los operativos se condicen con ese nivel de adiestramiento.

Colombia: negocios nada claros

En el complejo escenario colombiano del último medio siglo, signado por la presencia de grupos insurgentes, organizaciones dedicadas al narcotráfico y milicias paramilitares (y la lógica actuación de las fuerzas públicas para combatirlos), los niveles de violencia crónica afectaron a enormes porciones de población civil, que se vio inmersa en un fuego cruzado sin fin. Las características de este prolongado conflicto serán analizadas con mayor profundidad en capítulos posteriores (ver capítulo 8).

En este apartado, el foco de interés se centra en las consecuencias que esta situación tuvo en las áreas rurales, por cuanto el campesinado y las comunidades indígenas constituyeron un grupo particular de víctimas desde el momento en que los actores armados dirigieron acciones específicas contra ellos.

En este sentido, el dato más notorio fue el constante desplazamiento de población y la pérdida de tierras, lo que no sólo tuvo impacto material en amplias capas, con la consecuente pauperización, sino también en términos de pertenencia a una comunidad e identidad colectiva. En líneas generales, el fin de estas maniobras fue la obtención de provecho económico, el control territorial para sostener las actividades de grupos armados, o el crecimiento de empresas tanto lícitas como ilícitas.

La apropiación violenta, directa y permanente de las tierras ha sido una estrategia de los paramilitares y los narcotraficantes, y en menor grado de la guerrilla. Esta última ha ocupado diferentes territorios, instalando corredores para la movilidad de tropas y armas, pero no ha incurrido en despojos a gran escala. En ese marco, también tuvieron lugar masivas compras de predios a personas afectadas por el conflicto –mayormente forzadas o a precios viles–, lo que condujo a la concentración de la propiedad en pocas manos, proceso favorecido por la precaria situación legal y de tenencia de títulos reinante en el campo. En el caso de los territorios ancestrales de pueblos indígenas y comunidades afrodescendientes, fueron objeto de codicia en razón de sus riquezas naturales y mineras o por su ubicación geoestratégica para el desarrollo de megaproyectos de infraestructura.

La expansión del paramilitarismo a partir de mediados de los años 80 (aglutinado en las Autodefensas Unidas de Colombia, o AUC), marcó un punto de inflexión, ya que la población campesina organizada constituyó uno de sus blancos militares, coincidiendo con la etapa de mayor abandono de tierras. Constituida inicialmente como grupos contrainsurgentes para combatir a la guerrilla, AUC funcionó como una federación de numerosas agrupaciones heterogéneas en su tamaño y estructura, con una actividad descentralizada y una mínima coordinación a nivel nacional. Eran patrocinadas por ganaderos, terratenientes y narcotraficantes de las zonas donde operaban, y contaron con el apoyo de sectores de la dirigencia política y las Fuerzas Armadas. Autofinanciadas a través del tráfico de drogas, contrabando de armas, el secuestro y la extorsión, descollaron por sus brutales métodos: operativos de tierra arrasada, matanzas indiscriminadas de civiles desarmados, violencia sexual, descuartizamientos con motosierras y machetes, tortura y actos de crueldad extrema. Cientos de víctimas fueron ejecutadas y enterradas en fosas comunes, incineradas, o arrojadas al río como alimento para animales salvajes; otras tantas fueron simplemente desparecidas. Bajo el declarado propósito de realizar "expediciones para castigar la movilización social y rechazar el éxito político de la izquierda", los grupos paramilitares se convirtieron en auténticos escuadrones de la muerte que, mediante el recurso de la masacre, procuraron controlar a la población, generar terror, desterrar y destruir a las comunidades. Desplegaron su accionar en 29 de los 32 departamentos que componen Colombia. Durante la etapa más crítica, iniciada en 1996, se alcanzó el punto álgido en los años 2000 y 2001, en que fueron responsables de más de 450 masacres. La modalidad más frecuente fue la de la "masacre pequeña" (entre 4 y 6 víctimas), en lo que puede caracterizarse como una dinámica de violencia frecuente y de baja intensidad, planeada para dar invisibilidad a los crímenes. Combinada con la práctica de asesinatos selectivos, dirigidos principalmente contra líderes comunitarios y activistas políticos –es decir, las expresiones del movimiento asociativo del campesinado–, la instauración del terror y el mensaje aleccionador hacia la población fue constante. En adición, con el establecimiento de retenes ubicados estratégicamente en las vías de acceso a los territorios, con el fin de imponer un bloqueo económico en la zona y confinar a los pobladores, completaron el círculo de coacción.

Con el proceso de desmovilización de las AUC emprendido bajo la presidencia de Álvaro Uribe en 2003, la cantidad de homicidios disminuyó pero de ningún modo significó el fin de la violencia. Aún subsisten numerosos grupos paramilitares (se estima que hay unos 34 en actividad en todo el país) a los que se denomina genéricamente "bandas criminales emergentes", que continúan con idéntico *modus operandi*.

Cuantificar daños y víctimas en el marco de un conflicto tan prolongado y con tantos actores alzados en armas en juego, es una tarea inmensa y difícil. El repaso de algunas estadísticas globales dibuja un panorama escalofriante, empezando por la proyección total de víctimas: según el Grupo de la Memoria Histórica, en cinco años de confrontación interna hubo 220.000 asesinados, de los cuales 160.000 eran civiles. Además, estableció que la población desplazada en toda Colombia, entre 1985 y 2012, alcanzó a 5.700.000 de personas, que en un 70% correspondieron a desplazamientos individuales y un 30% a éxodos colectivos.

Por su parte, la Comisión Nacional de Reparación y Reconciliación, que analizó el período 1960-2010, estima en 5,5 millones de hectáreas el total de las tierras usurpadas o forzadas a dejar en abandono, que equivalen a un 10,8% de la superficie agropecuaria del país. Esta situación involucró a unas 385.000 familias, lo que implica que impactó principalmente los pequeños poseedores, sin incluir las propiedades colectivas de los grupos étnicos. Afectó especialmente a la región costera del Caribe (Córdoba, Sucre y Bolívar), que es precisamente donde se dio un mayor índice de masacres.

Capítulo 5

Objetivo: indeseables.
La estrategia de "limpieza
social"

"Nunca hubo masacres de grupos de exterminio en Jardins [el barrio más exclusivo de San Pablo]. Porque existe aún una parte de la sociedad, grande, que cree que matar a un pobre en la periferia es matar al marginal del futuro".
Marcos Carneiro Lima, jefe de la Policía Civil de San Pablo, 2012

En este capítulo nos referiremos a aquellas bandas de exterminio cuyas acciones están dirigidas contra un colectivo específico, considerado la causa de los males de la sociedad y de la corrupción de sus valores. La diversidad de objetivos es amplia, conforme con las distintas problemáticas de cada país. La persecución se orienta a grupos extensos, a veces difusamente definidos (como las personas en situación de calle, los drogadictos, las trabajadoras sexuales, los homosexuales), que representan los sectores sociales más vulnerables, no sólo desde el punto de vista de la marginación económica sino también del acceso a la justicia.

El nivel de organización, de alcance geográfico y duración en el tiempo de este tipo particular de escuadrones de la muerte reconoce un variado espectro: los hay de naturaleza coyuntural y efímera, y los hay de compleja estructuración y permanencia, que en algunos casos adquieren un carácter endémico. De modo análogo, en cuanto a su procedencia, se registran casos en que estos escuadrones han surgido de un conjunto de "ciudadanos preocupados" (lo cual no obsta para que cuenten con la asistencia o participación de elementos de las fuerzas de seguridad), mientras que en otros han sido motorizados directamente por miembros activos de los cuerpos policiales o militares, incluso en connivencia de las respectivas autoridades.

Se trata de un fenómeno que en forma típica —aunque no excluyente— se asienta en los barrios populares de las grandes urbes. Pero también florece en las áreas turísticas y distritos residenciales donde se pretende preservar la "buena imagen" de la ciudad. Las víctimas se encuentran en manifiesto estado de indefensión y no se las elige por estar vinculadas a la comisión de hechos delictivos, sino por su pertenencia, condición o conducta. Lo que subyace es una clara intención de "limpieza social", entendida como la eliminación sistemática de personas no productivas dentro del marco de la economía de mercado, contrarias al mundo civilizado o ajenas al "ser nacional". Predomina la concepción de que la situación que da origen a estas capas de población "desviada" (marginación, exclusión, pobreza) no es remediable por otros medios (léase políticas públicas de inclusión, educación o asistencialismo). O por lo menos, no en el corto plazo. La efectividad de la mecánica de erradicación no sólo descansa en la supresión física de los individuos indeseables (en una aplicación literal del refrán popular *Muerto el perro, se acabó la rabia*). Además sirve como efecto disuasorio, empujando a la emigración hacia otras locaciones a posibles futuras víctimas, al mismo tiempo que funciona como una inyección de miedo que subordina a los habitantes en su conjunto, reforzando una lógica de criminalización basada en la sospecha y una ideología de la depuración.

No obstante, es importante destacar que las estrategias de "limpieza social" no son atributo exclusivo de grupos particulares. En su definición más abarcadora, comprende distintas acciones de gobierno −generalmente implementadas a nivel municipal− contra sectores estigmatizados socialmente como peligrosos (de facto o en potencia) o lisa y llanamente "desechables", como el desplazamiento forzoso hacia ubicaciones periféricas o las batidas policiales en lugares de reunión de jóvenes. Asimismo, en opinión de muchos especialistas, la alta incidencia de muertes dudosas en los centros de rehabilitación de adictos y en las cárceles puede inscribirse dentro de una política deliberada de limpieza.

Lamentablemente, en el continente americano son incontables los ejemplos, tanto históricos como actuales, que encuadran en esta categoría. A modo de repaso, sólo se abordarán aquéllos de mayor relevancia (por su grado de estructuración, permanencia en el tiempo, nivel de actividad), o aquéllos más arquetípicos, en el sentido de que representan los tipos más "puros" de orientación a la limpieza social, es decir, menos superpuestos con fines meramente delictivos (tráfico de drogas, extorsión, robo, etc.).

Las "malparidas putas"

Se dice que ejercen el oficio más antiguo del mundo, y probablemente su estigmatización también sea la más antigua del mundo. El pecado sólo les pertenece a ellas; los clientes que recurren a sus servicios están libres de culpa y cargo. En casi todos los países de la región donde existen bandas que se dedican a "limpiar las calles", que generalmente tienen objetivos múltiples (mendigos, ladrones, consumidores y vendedores de drogas), las prostitutas integran casi sin excepción el listado de víctimas. Por caso, hacia 2009 Cartagena de Indias, Cali, Barranquilla y otras ciudades colombianas aparecieron empapeladas con panfletos firmados por un denominado "Grupo de Limpieza Social". Sin eufemismos, se anuncia la cacería de "las malparidas putas basuqueras [consumidoras de crack] y sidosas". "Ya no van a contagiar el SIDA a nadie más, sólo a los gusanos. Tienen las horas contadas las putas de los bares y cantinas y las prepagos [calificativo que se aplica a jóvenes universitarias que ofrecen su cuerpo a cambio de costosos regalos, cenas, etc.]". Incluso establecen un virtual toque de queda, advirtiendo que será atacada cualquier persona que concurra a locales nocturnos después de las 10 PM.

A fin de ilustrar el fenómeno, se reseñará un ejemplo en el que las prostitutas constituían el objetivo único de exterminio. A mediados de los años 70, en el período previo a la instalación del último gobierno militar en la Argentina, en la ciudad cordillerana de Mendoza se formó el Comando Moralizador Pío XII, estrechamente vinculado al entonces jefe de la policía provincial, vicecomodoro Julio Cesar Santuccione (quien también fue el inspirador de un grupo parapolicial anticomunista que operaba en esa área). Tenía como blanco de sus acciones a las mujeres que ejercían la prostitución, las cuales eran secuestradas, torturadas, abusadas sexualmente, ejecutadas, y sus cuerpos arrojados en lugares apartados. Sus operaciones, que se mantuvieron a lo largo de dos años, incluían además el asesinato de proxenetas y atentados con bombas a clubes nocturnos.

Existía un antecedente en la década anterior, aunque menos violento, cuando un comisario de la ciudad de Buenos Aires, en una especie de cruzada personal, irrumpía en los hoteles por horas y arrestaba a hombres y mujeres casados para luego denunciar la infidelidad a sus respectivos cónyuges. También concurría a establecimientos de alterne, donde detenía a mujeres y homosexuales y los llevaba en calidad de demorados a la comisaría.

El Comando hizo su prestación oficial en 1975, cuando difundió un comunicado en un periódico local, en el que se definía como un grupo moral y defensor de la salud pública, no vinculado a ninguna comunidad religiosa, que "sale a la lucha" ante la falta de acción represiva de policías y jueces. Prometía "inmisericordiosos castigos a las prostitutas, que con su desenfadada presencia en la vía pública atormentan y ofenden de raíz las prácticas de buena costumbre y moral mínima de toda sociedad decente", al mismo tiempo que advertía que "con látigos de tiento, cadenas, garrotes de goma y cartuchos cargados con sal ahuyentamos la presencia indecorosa de las mujeres públicas".

Para ese entonces, ya ascendían a veinte las personas relacionadas con la prostitución que fueron halladas muertas, respondiendo a un mismo patrón: las víctimas eran ejecutadas a sangre fría (generalmente con un tiro en la cabeza), y sus cadáveres aparecían a las pocas horas de su desaparición en zonas de montaña (en el caso de las mujeres, desnudas).

En los meses siguientes siguió creciendo el número de asesinatos, y se intensificaron los ataques a bares, discotecas y prostíbulos. También se registraron distintos episodios de intimidación. En uno de ellos, una prostituta fue secuestrada, subida a un vehículo y llevada a un parque, donde tras ser desnudada y golpeada, se le afeitó la cabeza y se le pintó con brea en la espalda la sigla del Comando. En otros incidentes, hombres encapuchados recorrían las zonas de tráfico de sexo y propinaban feroces golpizas a las mujeres en plena calle. Paralelamente, se hicieron cada vez más frecuentes las redadas policiales en las que las trabajadoras sexuales eran masivamente detenidas y obligadas a permanecer en una celda toda la noche.

Eliminar la pobreza (¿o a los pobres?)

Las bandas de aniquilamiento que se ensañan con las personas en situación de calle no discriminan edad, ni género. En varios puntos de la región es alarmante la cantidad de niños y adolescentes sin techo que han sido víctimas de matones que han implantado clandestinamente la pena de muerte. Quizás Brasil sea el ejemplo más representativo de este tipo de fenómeno, por la magnitud y la persistencia en el tiempo. Negado muchas veces por las autoridades políticas y policiales —que arguyen que se trata de ajustes de cuentas de los bajos fondos o de criminales abatidos en enfrentamientos—, lo cierto es que se trata de una realidad recurrente que ha asolado a ese país desde hace medio siglo. Igualmente cierto es que, con diferencias según su signos políticos, los distintos gobiernos han perseguido y logrado desbaratar a muchos escuadrones, aunque sin conseguir poner fin al flagelo. En un país con una media de 53.000 personas asesinadas por año en las últimas dos décadas (en su mayoría jóvenes, de raza negra, con una edad promedio de 21 a 25 años), y en donde la tasa de homicidios con arma de fuego creció más de un 300% entre 1980 y 2010, el desafío es enorme.

En el informe elaborado por una comisión investigadora del Parlamento, del año 2005, se traza un diagnóstico demoledor, al afirmar que en la actualidad el problema de la violencia en Brasil tiene que ver con "una estructura profesional, propiamente mafiosa, infiltrada en la vida económica, en el orden social, en la Administración Pública y en la Justicia, en plena promiscuidad de sectores del poder político y económico con el crimen organizado".

Allí también se revela que en el país el 80% de los crímenes promovidos por los grupos de exterminio tiene participación de policías o expolicías, es decir, personas con acceso a información, armas y entrenamiento. Procedentes de los cuerpos militar (patrullaje), civil (investigaciones) o penitenciario, algunos se encuentran en actividad y realizan esta tarea como un medio para aumentar sus ingresos; otros son agentes expulsados de la fuerza por haber cometido hechos ilícitos. También es frecuente el reclutamiento de individuos vinculados a las guardias privadas y a las organizaciones criminales (especialmente al tráfico de drogas).

Muchos grupos de exterminio nacieron como estrategias de comerciantes, empresarios, políticos para abolir segmentos sociales catalogados de indeseables, en una perspectiva de crear un sistema privado eficiente ante la defección de la seguridad pública. Actúan en zonas pobres y periféricas, generalmente en las mismas donde residen sus integrantes, y casi siempre de noche. Suelen dejar su "sello" en el cuerpo de las víctimas: las manos atadas, hematomas a causa de los golpes, disparos de armas de fuego en puntos vitales (principalmente la nuca). También ha habido casos de asesinatos de personas que habían denunciado a las bandas paramilitares, en los que sus bocas aparecieron atravesadas por un candado.

Este largo camino que parece no tener retorno se inició en los años 60 con comandos que acechaban a supuestos bandidos comunes. En la década del 70 y comienzos de los 80 emergieron nuevos grupos, más claramente orientados a eliminar la "escoria de la sociedad". En particular, en la Bajada de Fluminense, una populosa región del Área Metropolitana de Río de Janeiro, la actuación del grupo Killing dejó unos 500 muertos en esa década. También se destacó Mano Blanca, cuyo rasgo peculiar era que telefoneaba a los diarios informando del paradero de los cadáveres.

A partir de la restauración democrática, en 1985, la mayoría de los antiguos escuadrones fue desmantelada. Pero la filosofía de "justicia paralela" permaneció arraigada en la sociedad y en las instituciones públicas responsables de garantizar la seguridad en las ciudades. Hacia mediados de los años 90, hubo un crecimiento de bandas mixtas (conformadas por elementos policiales y civiles) que vendían protección a comerciantes, o que alquilaban sus servicios a otros interesados, como por ejemplo a los jefes del narcotráfico. Asimismo, tuvo lugar un fenómeno de diseminación de la violencia homicida, que dejó de ser un fenómeno casi exclusivo de las grandes urbes, extendiéndose a los municipios del interior.

Sería imposible mencionar aquí la variedad y cantidad de episodios que jalonan esta luctuosa realidad. Sólo se hará referencia a algunos de ellos, que por su repercusión o características han resultado paradigmáticos.

En uno de los incidentes de mayor resonancia internacional, en julio de 1993 un escuadrón abrió fuego contra 70 niños y adolescentes que dormían en el portal de una iglesia en Río de Janeiro. Conocido como la Masacre de la Candelaria –tal el nombre de la iglesia donde aconteció–, produjo un saldo de ocho víctimas fatales, que tenían entre 11 y 19 años de edad. Por el crimen fueron condenados cuatro policías militares (tres en actividad y uno retirado). Para esa época, según el relevamiento del Instituto Brasileño de Geografía y Estadística (IBGE), el 63% de los niños de 9 a 12 años fallecidos en el país habían sido asesinados (1989)

En 2000, un grupo de exterminio formado por policías cometió una serie de asesinatos de drogadictos e indigentes en la pequeña ciudad de Aguas Lindas, perteneciente al llamado Entorno de Brasilia, un conglomerado de 19 ciudades en donde se registra la mitad de los homicidios de todo el estado de Goiás.

En abril de 2007, con la detención de 28 personas, se desbarató un escuadrón de la muerte al que se le atribuyó haber matado a más de mil pobres en la norteña Recife a lo largo de cinco años, lo que supone una tasa de tres a cuatro asesinatos por semana. Las autoridades informaron que la banda estaba integrada por agentes policiales, sicarios a sueldo y civiles sin antecedentes penales que cobraban entre 500 y 2.500 dólares por crimen, aunque nada se dijo acerca de quiénes eran los mandantes. La labor de los policías dentro de la estructura consistía principalmente en eliminar evidencias para dificultar el esclarecimiento de los hechos.

En la región de Santos, estado de San Pablo, sólo en el mes de abril de 2010 fueron ejecutadas 23 personas, cuya muerte se atribuye a un grupo conocido como los "Ninjas", por su rutina de realizar los operativos con capuchas. Ese mismo año, cuatro agentes de la policía militar fueron condenados por haber asesinado y decapitado a una persona con discapacidad mental. Fueron identificados como miembros del escuadrón de la muerte llamado "Highlanders", un sobrenombre que hace referencia a la metodología de este grupo, que se distingue por cortar la cabeza de sus víctimas con el objeto de ocultar el delito, práctica emulada del film de ficción homónimo.

Entre fines de 2012 y principios de 2013, en un lapso de ocho meses, 27 indigentes fueron ejecutados en Goiana, capital del estado de Goiás. Esta situación causó conmoción en todo el país cuando la televisión mostró imágenes captadas por cámaras de seguridad de comercios, en las que se aprecia cómo dos personas, una de ellas un niño de 11 años, fueron asesinadas a golpes. En otros videos difundidos, se ve el momento en que un hombre que circulaba en una motocicleta, sin detener la marcha, le dispara dos tiros a una persona que estaba durmiendo en la acera.

Capítulo 6
Objetivo: delincuentes.
La justicia por mano propia

"La violencia es el último recurso del incompetente".

Isaac Asimov, escritor estadounidense, 1951

Este capítulo abarca a los escuadrones que se dedican a aniquilar a personas o grupos a los que se acusa de cometer actos ilícitos, tanto los que se enmarcan en la delincuencia común como en el crimen organizado. Por regla, responden a un patrón sumamente específico: se constituyen para librar su particular batalla contra determinadas organizaciones (pandillas, narcotraficantes, secuestradores) o ciertas modalidades delictivas (por ejemplo, robo de autos).

Sin duda, en el germen de este tipo formaciones hay una noción de "limpieza social", pero el elemento distintivo es que el fundamento para ejercer una justicia por mano propia consiste en que "el Estado es incompetente para hacerlo". La justificación de su accionar reconoce dos variantes básicas: puede asentarse en la percepción de un poder público que no tiene la capacidad o la voluntad de combatir los hechos delictivos; o bien, puede sostenerse en la creencia de que los procedimientos legales son intrínsecamente ineficientes para desterrarlos.

Los "buenos" contra los "malos"

Formaciones de este tipo han existido en todas las latitudes de Latinoamérica, y presentan una mayor incidencia en aquellos países con altas tasas de violencia homicida en general. En efecto, en naciones aquejadas por largo conflictos armados internos, fuerte presencia de grupos guerrilleros y/o narcotráfico, profundas desigualdades sociales, la proliferación de la "justicia privada" es mayor.

Los casos de Colombia y Brasil ya han sido parcialmente analizados en los capítulos precedentes, referidos a persecución de campesinos e indigentes respectivamente. Se puntualizará aquí alguna información adicional en relación con los grupos abocados a la ejecución extrajudicial de delincuentes.

En Colombia, el auge del paramilitarismo en la década de los años 80, orientado en teoría a hacer frente a la insurrección armada de la guerrilla, generalizó un modelo de accionar clandestino que se tradujo en la multiplicación de grupos de exterminio. Bajo su mira cayeron tanto quienes se encuentran al margen de la ley (delincuentes de poca monta, comerciantes al menudeo de drogas), como quienes "atentan contra las buenas costumbres" (homosexuales, prostitutas, travestis, mendigos). En un contexto de impunidad y tolerancia institucional, y con la participación de elementos de los cuerpos policiales, florecieron primero en los grandes centros urbanos (Bogotá, Cali, Medellín) y se diseminaron luego por localidades más pequeñas.

Con nombres cambiantes y a veces pintorescos (como "Justiciero Implacable", "Terminator", "Machete" o "Los 12 Apóstoles"), se abocaron a ejecuciones públicas y colectivas, tornando cotidiana la aparición de cadáveres en las calles, los baldíos, las cunetas de las carreteras o el lecho de los ríos.

En Brasil, la conformación del denominado Esquadrão da Morte en los años 60 marcó el bautismo de fuego de una práctica aún vigente hoy en día. Nacido en la ciudad de San Pablo, bajo inspiración del investigador de la policía civil Astorige Correa, centró su accionar contra la delincuencia común. En general, sus integrantes eran guardias civiles o policías militares.

Al poco tiempo y con el mismo modelo se formó en el estado de Guanabara, municipio de Río de Janeiro, la Scuderie Le Cocq, comandada por el detective Mariel Moriscott, integrante de los llamados "Hombres de oro de la Policía Carioca", un cuerpo de elite creado para intimidar criminales y proteger a los choferes de taxis, que estaban siendo blanco de ataques recurrentes. Las operaciones de estas primeras formaciones eran muy violentas: las víctimas solían aparecer decapitadas, los miembros despedazados, atadas a las vías de tren o quemadas vivas. Vinculados además a hechos de corrupción, como la venta de protección a traficantes de drogas, muchos de sus integrantes tuvieron activa participación en la represión política contra los detractores del gobierno militar instaurado en 1964.

Tras el restablecimiento del orden constitucional, esos grupos pasaron a ser claramente ilegales, pero continuaron con muchas de sus estructuras dentro del Estado, convirtiendo a Brasil en un caso emblemático del enquistamiento de los grupos de exterminio dentro de las fuerzas públicas de seguridad. Paulatinamente se ha manifestado un corrimiento de los propósitos originarios –combatir el delito– hacia el involucramiento en todo tipo de actividades ilícitas.

En efecto, muchos de los homicidios imputados a los escuadrones de la muerte en los últimos quince años, realizados en forma individual o en masa, están vinculados al tráfico de drogas y de armas, el robo de cargas, la explotación sexual, la adulteración de medicamentos y la protección de políticos corruptos. Por mandato de terceros o actuando por su cuenta y riesgo, apuntan a quienes se interponen en estos negocios (competidores, denunciantes, autoridades), a los testigos ocasionales de los crímenes (para asegurarse la impunidad), o excolaboradores (para impedir delaciones).

Y en forma concomitante el abuso policial se volvió crónico, como herencia maldita de una cultura autoritaria de profunda raigambre. Aún hoy, sin tener vínculos con el narcotráfico o el crimen organizado, el uso excesivo, arbitrario e ilegal de la fuerza por parte de agentes de la policía suele alcanzar proporciones inauditas. Llevan a cabo verdaderas ejecuciones sumarias, para luego afirmar que las muertes se producen como resultado de tiroteos. Trasladan los cadáveres a hospitales con el falso pretexto de intentar salvarlos, cuando en realidad lo hacen para destruir evidencias de la escena del crimen. En la mayoría de los casos, plantan pruebas falsas contra sus víctimas antes de que lleguen los investigadores forenses.

No obstante, esta problemática, que también es común a todo el continente americano, no configura lo que aquí hemos definido como escuadrones de la muerte. Se trata de una desviación de los procedimientos legales que, aunque cuente con permisividad de los mandos superiores o una red de complicidades para orquestar el encubrimiento, no cristaliza en una asociación ilícita de personas conformada a los fines de eliminar físicamente a un segmento particular de la sociedad.

En Centroamérica, principalmente en El Salvador, Guatemala y Honduras, este fenómeno se vincula a la guerra total contra los verdaderos ejércitos de pandilleros, como Salvatrucha y Calle 18 (líderes indiscutidos), que ya no se limitan a actuar sobre un barrio, una ciudad o un país, sino que extienden su acción más allá de las fronteras, transformándose en verdaderas "organizaciones transnacionales" de la violencia y el crimen.

Estas pandillas, también conocidas como "maras", comenzaron a surgir hacia fines de los años 80 en la ciudad norteamericana de Los Ángeles. Formadas por refugiados de los conflictos civiles de esas naciones, poco a poco extendieron sus operaciones a sus países de origen, en parte una consecuencia no calculada de la política de deportaciones masivas emprendida por Estados Unidos. Sus actividades incluyen narcotráfico, robo, contrabando de automóviles, extorsión, trata de personas, inmigración ilegal, blanqueo de dinero, asesinato por encargo, proxenetismo, secuestro y tráfico de armas.

Son conocidas sus conexiones con los carteles de la droga mexicanos, y su presencia se ha detectado incluso en Canadá y España; y hasta hay quienes afirman que han mantenido vínculos con la red islámica Al-Qaeda. Junto con el despliegue de su accionar delictivo, se ha instalado una feroz rivalidad entre ellas, que desató una guerra sin cuartel cuyo principal escenario es América Central.

Más allá de las políticas gubernamentales, la respuesta al incontrolable poder de las maras en estos países asumió la forma de escuadrones de la muerte, "herederos" de las estructuras paramilitares cimentadas en sus respectivas guerras civiles o contrainsurgentes, con activa participación policial entre sus ideólogos y comandos operativos. El grado de planificación y el nivel de encubrimiento e impunidad denotan la existencia de una importante red de información y logística, sólo compatible con elementos de las instituciones públicas de seguridad.

A continuación se desarrollarán algunos ejemplos representativos de organizaciones creadas para aniquilar delincuentes.

Argentina: la comisaría paralela

Fue considerado por la prensa como el primer escuadrón de la muerte que se formó tras la restauración democrática en la Argentina de 1983, luego de una sangrienta dictadura que implantó el terrorismo de Estado y que dejó como saldo miles de desaparecidos.

Nació bajo inspiración del entonces cabo de la policía Hugo "Beto" Cáceres, que se desempeñaba en una comisaría de la localidad de Don Torcuato, situada en el Gran Buenos Aires (la periferia del conglomerado urbano de la capital del país). Este personaje comenzó en 1993 a ofrecer custodia privada a los comerciantes y residentes del barrio en que vivía y trabajaba. Al terminar la jornada de su trabajo legal, seguía patrullando la zona en autos particulares.

El negocio resultó un éxito, al punto que con el correr de los años se convirtió en una agencia de seguridad clandestina, cuya base de operaciones era la propia vivienda de Cáceres, que cobraba una cuota mensual a los vecinos a cambio de protección. En los hechos, funcionaba como una comisaría paralela. Bajo sus órdenes, unos 30 agentes policiales, que contaban con 10 vehículos a su disposición, vigilaban las calles las 24 horas persiguiendo delincuentes. Los elegidos eran casi todos muy jóvenes, de condición humilde, con hurtos y robos menores en su haber, la mayor parte adictos al pegamento, la más barata de las drogas de los pobres. A algunos los capturaban y fusilaban. A otros los "aleccionaban": les confiscaban las armas, el dinero o los objetos robados que llevaban encima, y les advertían que, si llegaban a asaltar a alguno de los "clientes" de la banda, serían ajusticiados.

En todos los casos, les tomaban una fotografía, que pasaba a engrosar un singular archivo que guardaba Cáceres en su domicilio. Esto formaba parte de las tareas de inteligencia y del armado de prontuarios paralelos, en donde constaban el nombre y el apodo de los "malvivientes", y las circunstancias en que habían sido interceptados.

Para el año 2001, esta situación comenzó a levantar sospechas en las autoridades provinciales. Las estadísticas mostraban que el distrito en cuestión era el que menos adolescentes presos tenía, pero ostentaba el mayor índice de menores de edad muertos en supuestos enfrentamientos con la policía. Y casi todas las bajas presentaban un rasgo común: disparos en la espalda o en la cabeza.

Como resultado de la investigación, un año después Cáceres, que ya revistaba como sargento, fue arrestado junto a su principal colaborador, un efectivo policial con rango de cabo. En el allanamiento realizado en su casa, se hallaron armas, chalecos antibalas, equipos de comunicaciones y unas 60 fotografías de jóvenes.

Si bien se lo presumía responsable de varios episodios, solo se pudo probar un único homicidio, el de un menor de 16 años ocurrido en el año 2000. Según se reconstruyó en el juicio, la víctima estaba desarmada y recibió tres tiros desde corta distancia, quedando demostrado que la pistola que se encontró junto a su cuerpo fue dejada por los policías para simular un enfrentamiento.

Según la organización civil Coordinadora contra la Represión Policial e Institucional (CORREPI), el escuadrón es responsable del asesinato de por lo menos cinco adolescentes más, de entre 14 y 18 años de edad. Dos de ellos, meses antes de ser ultimados, habían estado detenidos en la comisaría donde trabajaba Cáceres y habían denunciado haber sido brutalmente golpeados y amenazados por la policía.

Colombia: el caso de los ladrones de autos

Desde comienzos del siglo XXI, el robo de autos adquirió en Colombia proporciones inquietantes. Según las autoridades, por ejemplo, en el año 2006 se registró un promedio de 23 vehículos hurtados por día, y cerca de 9.000 personas resultaron lesionadas o heridas de bala en ocasión de los atracos.

Sólo en Cali se calcula que llegaron a funcionar simultáneamente unas veinte bandas dedicadas a este tipo de delito, que nutre tanto el millonario negocio de las autopartes ilegales como el de venta de vehículos robados con documentación alterada. Allí nació el comando Muerte a los Jaladores de Carros (Mujaca), que en su primer año de actividad asesinó a 23 expertos atracadores.

Esto obligó a los delincuentes a cambiar su *modus operandi*, actuando en forma más dispersa, reforzando las tareas de inteligencia previa, y privilegiando el robo de autos por encargo. Combinando sofisticación tecnológica e ingenio, estas bandas cuentan con dispositivos electrónicos para desactivar alarmas y anular cerraduras. También tienen a su servicio un ejército de falsos indigentes que aparentan hurgar la basura y recoger latas, mientras en realidad se dedican a observar y detectar posibles blancos. Llegan a utilizar como señuelo a mujeres atractivas, quienes seducen incautos y les suministran drogas como la burundanga (un alcaloide que provoca confusión y desvanecimiento), para que sus vehículos queden a merced de los ladrones.

Las Mujaca se replicaron en distintas ciudades, con la misma lógica aunque no necesariamente con vinculación entre sí. En Medellín, protagonizaron atentados con explosivos contra almacenes de repuestos para autos y asesinatos en los que los supuestos ladrones aparecieron amordazados, con sus extremidades atadas y con impactos de bala de armas automáticas. Asimismo, se le atribuyó la autoría de los homicidios de un funcionario de la sección de automotores de la Fiscalía y de un gerente de una compañía de seguros. En Bogotá adoptaron la modalidad de dejar los cadáveres de los ejecutados dentro de los propios vehículos que habían sido reportados como robados.

Centroamérica: guerra contra los pandilleros

Tras el fin de la guerra civil en El Salvador, en 1992, comenzaron a surgir en distintos puntos del país bandas delictivas que asaltaban, amenazaban, violaban, traficaban drogas y mataban a sus víctimas, y extorsionaban de muchas maneras a la población. En lo que constituyó el germen de lo que luego se convertiría en el flagelo de las pandillas, uno de sus principales ámbitos de actuación fue la ciudad de San Miguel, ubicada unos 140 km al norte de San Salvador, más concretamente en la colonia Milagro de la Paz, un barrio popularmente conocido como La Curruncha.

Allí surgió en 1994 el Comando Antidelincuencial, que tiempo después pasó a ser conocido como Sombra Negra, nombre que le dio la prensa por la rutina de dejar junto a los cuerpos de las víctimas un mensaje atribuyéndose la autoría, en el que aparecía dibujado un rostro negro. Tenía una estructura bastante compartimentada, en la que los miembros apenas se conocían entre sí y recibían órdenes de una o dos personas. Los operativos estaban a cargo de unos diez hombres, que actuaban de noche en grupos de tres o cuatro, muchos de ellos residentes del propio barrio y que se habían visto afectados por robos o violaciones en su entorno familiar. Perseguían a delincuentes previamente identificados, a los que ajusticiaban con el sello característico de rematarlos con un tiro de gracia en la nuca y amarrarles las manos por detrás de la espalda. Generalmente se movilizaban en vehículos sin placas, que provenían de los negocios de renta de autos, y portaban gorros navarone (pasamontañas). Tenían fluidos contactos con por lo menos tres agentes de la Policía Nacional Civil, uno de ellos con el grado de sargento, que los ponía sobre aviso de cuales eran las "zonas liberadas" (sin presencia policial), amén del apoyo de exmilitares y exmiembros de los cuerpos de seguridad. Contaban además con el aporte −en dinero, movilidad, armas y municiones− de dos o tres empresarios, a los que denominaban patrocinadores. La participación en la organización era remunerada con un estipendio mensual, si bien la mayoría de sus miembros tenían trabajos corrientes en horarios diurnos.

Se presume que este grupo original cometió aproximadamente 29 homicidios a lo largo de dos años, perpetrados con idéntico *modus operandi* y el mismo tipo de arma (pistolas Makarov), y se fue desarticulando en la medida en que la zona quedó "despejada" de malhechores. Sin embargo, para la misma época emergieron bandas similares en ciudades como Izalco, Soyapango, Apopa, Sonsonate, Santa Ana y San Salvador, que se identificaban como Sombra Negra, aunque se cree que no tenían relación alguna con aquélla nacida en San Miguel.

Una década más tarde, con el imperio de las pandillas consolidado en el país −con cerca de 16.000 miembros− resurgió el nombre de Sombra Negra para aludir a las bandas de exterminio que proliferaron ante la ineficacia de los planes gubernamentales. El escaso éxito de las ofensivas lanzadas en 2004 por el presidente Elías Saca (bautizadas "Mano Dura" y

Super Mano Dura"), abrió el juego a las ejecuciones clandestinas. Los nuevos grupos de exterminio muestran un patrón similar al de los que actuaron durante la guerra civil con fines políticos: hombres fuertemente armados, con pasamontañas, con una importante infraestructura de transporte y comunicaciones; que secuestran a personas que luego aparecen asesinadas, muchas veces con señales de torturas.

La ciudad de Chalchuapa —un importante destino turístico por sus yacimientos arqueológicos mayas, ubicado a 80 km de San Salvador— se convirtió en las noches en un pueblo fantasma. La amenaza de las pandillas obligaba a los pobladores a encerrarse en sus domicilios al caer el sol. Pero hacia 2007 el temor se agudizó cuando, en una sola noche, siete mareros fueron asesinados en distintos puntos de la ciudad. Al día siguiente, en las calles y debajo de las puertas de las casas comenzaron a aparecer volantes firmados con la sigla "EL", que según las autoridades correspondían a "Escuadrón de Limpieza" o "Escoba de Limpieza". En ellos se aconsejaba a la población "no andar en las calles a partir de las diez de la noche, ya que estaremos iniciando una campaña de limpieza de tantos malacates (delincuentes) que andan quitándonos la tranquilidad". En una situación rayana con el surrealismo, en un video enviado al canal de televisión local, aparecieron cuatro supuestos pandilleros, con el rostro cubierto, pidiendo a la Policía Nacional que les brindara su protección, por sentirse un grupo "vulnerable". Integrado por civiles y miembros de las fuerzas de seguridad, este escuadrón sumó más de veinte víctimas en dos meses, entre ellos un niño y varios otros inocentes, lo cual da bastante que pensar en cuanto a su pretendida efectividad.

Ese mismo año fue desarticulada una banda que operaba en las provincias orientales de San Miguel, Morazán y La Unión, aparentemente formada por policías, expolicías y civiles que tenían nexos con prominentes empresarios, quienes supuestamente les pagaban para cometer asesinatos. Fueron juzgados cuatro agentes pertenecientes a las Unidades de Investigaciones Criminales (UDIN), cuya pista se siguió porque uno de ellos dejó abandonado su teléfono celular en la escena de un crimen. La presencia de justicieros anónimos se replicó también en los departamentos centrales y occidentales de San Salvador, La Paz, Sonsonate y Santa Ana. En muchos casos, junto a los cuerpos de los ejecutados aparecieron mensajes de advertencia dirigidos a los "renteros", en alusión los pandilleros que consiguen dinero mediante la extorsión a empresarios, comerciantes, dueños y choferes de autobuses, y particulares, exigiendo pagos a cambio de no atentar contra ellos.

En septiembre de 2010, el país se paralizó durante tres días por una amenaza contra los transportes públicos, lanzada conjuntamente por las dos principales maras, Salvatrucha y Barrio 18. La intimidación fue una demostración de fuerza en repudio a una ley aprobada días antes por la Asamblea Legislativa, en la que se declaraban ilegales y de naturaleza criminal tanto a las pandillas como a las asociaciones ilícitas dedicadas a combatirlas.

A principios de 2012, el gobierno de Mauricio Funes inició negociaciones con los líderes de Salvatrucha y Barrio 18, proceso que contó con el respaldo del secretario general de la Organización de los Estados Americanos (OEA), José Miguel Insulza. Pese a la tregua pactada, que implicó la entrega parcial de armas, el compromiso de no agresión entre pandillas y la instauración de once "Municipios libre de violencia", aún subsisten focos de extrema violencia en el país. Episodios como el ocurrido en septiembre de 2013, con la aparición de cuatro pandilleros asesinados en el municipio de Ilopango –una de las declaradas "zonas de paz"–, echaron un manto de duda sobre el proceso de pacificación. Sobre todo, cuando el propio alcalde de esa localidad sostuvo que el grado de profesionalismo y planificación de ese crimen era un claro indicio de la responsabilidad de un escuadrón de la muerte, posiblemente ligado a los cuerpos de seguridad, en un intento por boicotear la tregua.

Silencio interno y ayuda del exterior

En un contexto parecido, los escuadrones de la muerte en Honduras exhiben con menor disimulo su entramado policial. En lo que parece ser una guerra sucia a gran escala, ha tenido lugar una verdadera cacería contra las maras. Según el Ministerio Público, desde 2010 se han recibido al menos 150 denuncias de casos que podrían calificarse como asesinatos perpetrados por grupos ilegales en Tegucigalpa, operados presuntamente por la policía, y al menos 50 más en San Pedro Sula, capital económica del país.

Testimonios de testigos presenciales indican que grupos de hombres armados y enmascarados que se mueven en vehículos grandes tipo camioneta o 4x4, sin placas y con vidrios oscurecidos, capturan a miembros de las pandillas, para luego entregarlos en la comisaría; aunque muchos de estos prisioneros desaparecen sin que exista registro alguno de su detención.

En otras ocasiones, miembros de las fuerzas de seguridad, que se identifican como tales, pero que van vestidos de civil y con los rostros cubiertos, irrumpen en las viviendas sin orden judicial, y se llevan a los sospechosos, que luego aparecen muertos en zonas descampadas.

También se ha reportado un episodio en que personas encapuchadas y fuertemente pertrechadas, que no portaban ninguna identificación policial, dirigían a más de cien uniformados que desarrollaban una operación antipandilla.

Y hubo casos en que familiares de pandilleros fueron interceptados y transportados a sitios de interrogatorio, donde bajo crueles tormentos debían responder acerca del paradero y las actividades del pariente sospechoso.

Como en épocas anteriores, Estados Unidos proporciona desde hace años ayuda financiera al gobierno hondureño para la lucha contra el crimen organizado, aunque cada vez son más las voces que se alzan en el propio Congreso norteamericano a favor de restringir las remesas, alegando la sistemática violación a los derechos humanos por parte de la policía local.

Mientras tanto, la crisis institucional derivada del derrocamiento del liberal Manuel Zelaya en 2009 no hizo más que empeorar el panorama. Tras un breve interinato de facto, Porfirio Lobo −representante del rival Partido Nacional− fue electo primer mandatario. Bajo su gestión, marcada por la impopularidad y cuestionamientos internacionales a su legitimidad, se vivió un agravamiento del cuadro de violencia, que posicionó a Honduras como el país con la tasa más alta de homicidios violentos del continente.

En 2012 se lanzó un programa de depuración de la Policía, que hasta el momento no ha dado grandes resultados −sólo siete agentes fueron exonerados−, aunque provocó la baja voluntaria de entre 400 y 600 efectivos que optaron por renunciar, probablemente temerosos de las investigaciones en curso. Paralelamente se dispuso la intervención del Ejército en tareas de patrullaje y prevención en las principales ciudades, decisión que derivó luego en la creación de un nuevo cuerpo −denominado Policía Militar− controlado por las Fuerzas Armadas. Modalidad que anuncia un camino de militarización de la seguridad pública, de horizontes más que inciertos.

Colaboración pública y privada

Guatemala sufrió una devastadora guerra civil de más de tres décadas que culminó en 1996. Pero el ciclo de violencia se reinició pocos años después, cuando las bandas callejeras de latinos originarias de Los Ángeles comenzaron a extenderse por América Central.

La escalada se incrementó hacia 2005, con la desaparición de jóvenes sospechados de pertenecer a alguna de esas bandas. La mecánica era muy similar a la empleada en el pasado contra guerrilleros y opositores: las víctimas eran capturadas en calles pobladas o tomadas por sorpresa en sus camas, y forzadas a entrar a automóviles sin identificación, con vidrios polarizados. Los cuerpos aparecían con evidentes signos de crueldad, descuartizados o mutilados.

En 2006, un comando denominado Guardianes de la Ciudad se atribuyó la muerte de seis presuntos integrantes de una pandilla juvenil en Coatepéque, en el oeste del país. En los panfletos que hicieron circular alertaban: "Venimos con la mentalidad de acabar con la rabia matando al perro. Vamos a hacerlo con todos los mareros que encontremos en las calles por la ineficiencia de la Policía", al mismo tiempo que instaban a la ciudadanía a "unirse en barrios y colonias para hacer frente a las lacras de la sociedad".

Ese mismo año, en la colonia La Esperanza, comenzaron a encontrarse pandilleros −o sospechosos de serlo− muertos en la vía pública, algunos con disparos a quemarropa, otros con señales de haber sido estrangulados y, en un espectáculo macabro, partes de cuerpos desmembrados y decapitados aparecían esparcidas en distintos sitios del vecindario. En ese barrio de la periferia de la ciudad de Guatemala, la presencia de la Mara 18 hacía estragos: eran constantes las exigencias del así llamado "impuesto de guerra" a todos los comerciantes y choferes de buses, los asesinatos de quienes se negaran a pagarlo, las violaciones de mujeres adolescentes y la venta de drogas a escolares.

El fenómeno se repitió en otras barriadas del área metropolitana de la capital, como Villalobos y el Mezquital, donde vecinos y familiares de las víctimas apuntaban a oficiales de policía y guardias de seguridad privada como autores de la mayoría de los secuestros y homicidios, en el marco de una campaña secreta de "limpieza" apoyada por el Estado y que estaba dirigida contra los jóvenes y los pobres. Estas acusaciones fueron siempre tajantemente negadas por las autoridades políticas de turno (que mayormente atribuían la violencia a una guerra entre pandillas rivales), sin perjuicio de lo cual se encararon purgas dentro de los cuerpos policiales con el fin de separar a los agentes deshonestos, corruptos o implicados en crímenes.

De todas formas, existen considerables indicios de que las ejecuciones extrajudiciales en Guatemala estaban muy vinculadas a organizaciones oscuras conocidas como Cuerpos Ilegales y Aparatos Clandestinos de Seguridad (CIACS), tal el nombre con que fueron definidos los escuadrones de la muerte en el marco de los Acuerdos de Paz que pusieron fin a la guerra civil. Estos grupos compuestos por miembros actuales y anteriores de las fuerzas militares y policiales, forjados durante la lucha contrainsurgente, pasaron a tener diferentes funciones y relaciones tras la contienda.

Algunos son sumamente flexibles, se agrupan para cumplir determinada tarea puntual e inmediatamente se diluyen. Otros son permanentes y tienen vida legal como cuerpos privados de seguridad, aunque igualmente cometen acciones ilegales. En muchos casos, constituyen el brazo armado y de inteligencia de estructuras más complejas, relacionadas al crimen organizado, a las grandes corporaciones empresarias o a intereses políticos. Bajo esta modalidad de actuación por encargo, al servicio de fines particulares, sus miembros son reclutados para el espionaje industrial, la eliminación de competidores, la protección a narcotraficantes, y el aniquilamiento de pandillas de extorsionistas, secuestradores, asaltantes o cuatreros.

Además, en algunas zonas "calientes" y desde el año 1999 los distintos gobiernos promovieron la creación de unidades especiales de control comunitario. Estas Comisiones de Seguridad Ciudadana fueron fuertemente impulsadas durante la gestión presidencial de Álvaro Colom (2008-2012), tanto a nivel barrial como municipal, departamental y regional, institucionalizando un modelo de autogestión en materia de prevención de la violencia. Sin embargo, a partir de allí lo que se verificó es que, si bien disminuyó el número total de ejecuciones extrajudiciales en todo el país, aumentó la participación de las juntas locales de seguridad en este tipo de hechos. Se estima que actualmente existen unos 1000 grupos comunitarios, de los cuales cerca de 700 están debidamente registrados; lo que implica la presencia de alrededor de 300 operando clandestinamente.

De modo análogo, también se incrementó la intervención de vigiladores privados en asesinatos ilegales, lo que se explica por el histórico vínculo entre las empresas de seguridad privada y los CIACS.

Capítulo 7
OBJETIVO: MUJERES.
EL ESTIGMA DEL GÉNERO

"La vergüenza es ira / vuelta contra uno mismo: / si una nación entera se avergüenza / es león que se agazapa para saltar".

Octavio Paz, escritor mexicano, 1968

Los asesinatos de mujeres en la ciudad mexicana de Juárez constituyen, quizás, el caso más representativo de feminicidio a gran escala del que se tenga conocimiento. Sin dudas, se trata del más grave registrado en América Latina.

Juárez está ubicada al norte de ese país, en el estado de Chihuahua, a menos de tres kilómetros de la ciudad norteamericana de El Paso, Texas, uno de los puntos fronterizos más transitados. Su vida económica y política estuvo siempre marcada por la cercanía con los Estados Unidos, pero en la década de los años 90 hubo dos fenómenos que acentuaron esta influencia y provocaron una radical transformación.

Una calamidad que no cesa

En primer lugar, al consolidarse allí el Cartel de Juárez, se convirtió en un punto neurálgico de las rutas de narcotráfico, lo que redundó en un notorio aumento del delito. A ello se sumó el enfrentamiento con el Cartel de Sinaloa, que agravó la situación de inseguridad, que ya para ese entonces desbordaba la capacidad de las fuerzas de seguridad para hacerle frente.

Por otra parte, la entrada en vigencia del Tratado de Libre Comercio de América del Norte, que favoreció el intercambio con Estados Unidos, tuvo un fuerte impacto en la actividad económica de la ciudad. Para cubrir las nuevas demandas comerciales, comenzaron a establecerse a lo largo de la frontera numerosas factorías. En Juárez prosperó la industria de las maquiladoras, ligada a la producción textil, que atrajo fuerza de trabajo de toda la región y del país. Debido a las condiciones de explotación laboral y precarización que caracterizaban a estos empleos, la mayor parte de la mano de obra movilizada consistió en mujeres jóvenes que, impelidas por la necesidad, en muchas ocasiones dejaban a sus familias en sus lugares de origen.

A estos dos factores, se le agrega lo que muchos especialistas denominan una "cultura de la discriminación" presente en la sociedad mexicana, que relega a la mujer a su rol doméstico. La creciente importancia de la población femenina trabajadora, con la consecuente modificación de los roles familiares que esta situación acarrea, junto con los índices cada vez más altos de desempleo masculino, crearon las condiciones para una exacerbación del machismo. Ello convergió en Juárez en una ola de violencia de género que llegaría a niveles inusitados.

La aparición de las primeras víctimas fatales se dio hacia 1993. Y todavía hoy se siguen encontrando cadáveres de mujeres abandonados en zanjas, al costado de las carreteras y en lugares desiertos. Todas ellas reúnen las mismas características: jóvenes de entre 15 y 25 años, de pocos recursos económicos, en su mayoría trabajadoras precarizadas originarias de otras ciudades mexicanas.

La asfixia por estrangulamiento y los golpes representan más del 70% de las causas de muerte en estos homicidios. En las restantes ocasiones, fueron acuchilladas y "marcadas" con armas punzantes. En una gran proporción, fueron violadas. En esos casos, las huellas sobre sus cuerpos muestran un cuadro de violencia y tortura sexual, que va más allá de la violación.

No se sabe con exactitud el número total de víctimas, no sólo porque hay discrepancias entre cifras recabadas por distintos organismos, gubernamentales y no gubernamentales, sino fundamentalmente por la persistente inacción policial y del aparato judicial, que no permite obtener datos confiables.

La Fiscalía Especial creada para investigar el tema determinó que en el período 1993-2005 se registraron 379 feminicidios, pero fuentes no oficiales estiman que desde entonces, y con un recrudecimiento a partir de 2010, se habrían registrado unos 300 asesinatos más.

¿Y dónde está el Estado?

Este sombrío panorama se completa con los numerosos casos de desapariciones, cuya magnitud es aun más difícil de establecer. Distintas asociaciones de derechos humanos, tanto mexicanas como internacionales, reportan alrededor de 400 mujeres desaparecidas en las últimas dos décadas.

Lo que indudablemente resulta alarmante es la aparente anuencia estatal para con los crímenes. Cuando este fenómeno se inició, la mayoría de las denuncias eran desestimadas y los hechos nunca eran investigados. Primaba una visión de que la violencia contra las mujeres era una cuestión del "ámbito privado", o sólo afectaba a jóvenes "de vida ligera" y, por lo tanto, no merecían mayor atención.

A lo largo de los años, y frente a los masivos reclamos populares, se comenzó a tomar más seriamente los casos. Fueron detenidos varios sospechosos, y algunos hasta fueron juzgados y condenados. Sin embargo, estos procesos estuvieron teñidos por todo tipo de irregularidades —desde la negligencia investigativa hasta la lisa y llana corrupción—, que han tendido un manto de sospecha sobre su validez. Muchos de los acusados aseguraron que fueron obligados bajo tortura a confesar su culpabilidad en los crímenes, lo que indicaría una maniobra de las autoridades para mostrar resultados y salir del ojo de la opinión pública. De todas formas, estas causas involucraron sólo unas decenas de asesinatos, dejando igualmente sin esclarecer la mayor parte de las muertes y desapariciones.

Ni siquiera la sentencia de la Corte Interamericana de Derechos Humanos del año 2009 logró cambiar sustancialmente el estado de cosas. Tras el análisis de tres homicidios puntuales, ocurridos en 2001, ese tribunal declaró al Estado mexicano culpable de violentar el derecho a la vida, la integridad y la libertad personal de esas víctimas. Además lo instó a realizar un acto público de reconocimiento de responsabilidad internacional y a tomar las medidas tendientes a garantizar la investigación de todos los casos de feminicidios desde una perspectiva de género.

Como se ha señalado, es poco lo que se sabe sobre los autores materiales de estos crímenes, y muchos menos, sobre sus posibles motivaciones. Hay quienes sostienen que se trata de hechos de violencia independientes, llevados a cabo por violadores, asesinos seriales y delincuentes comunes. Incluso algunos sugieren una gran implicación de los integrantes de las pandillas, a los que se atribuye una tendencia misógina. Otros los relacionan con el narcotráfico y los grupos de sicarios que responden a los carteles de drogas, aunque no se ha comprobado que las víctimas estuvieran vinculadas con actividades delictivas. Pero ninguna de estas explicaciones parece ser suficiente para explicar la dimensión del fenómeno.

Pese a todas estas limitaciones, subsiste un patrón en el perfil de las víctimas y en el *modus operandi* de los homicidios, que justifica su inclusión en este estudio. Porque, si bien no es factible identificar a uno –o varios– grupos que se organizan específicamente para matar mujeres, lo que de hecho se está produciendo es un exterminio de un conjunto particular de personas. Tal vez la problemática de Juárez no encuadre estrictamente en lo que aquí se ha definido como el accionar típico de los escuadrones de la muerte, pero lo cierto es que cientos de mujeres que vivían solas, alejadas de su familia, en una ciudad hostil, han perdido la vida en un clima de total impunidad y ante la pasiva complicidad del Estado.

Capítulo 8

Escuadrones y narcotráfico. Una mezcla explosiva

"Agresión, violencia, engaño, latrocinio. Los cuatro puntos
cardinales del crimen, dentro de los cuales el alma de los
predestinados se agita como una aguja imantada".
Enrique López Albújar, escritor peruano, 1920

En términos generales, la cruzada anticomunista y el modelo de guerra contrainsurgente aplicado en las décadas del
70 y del 80 en América Latina dejaron en todo el continente
un sinfín de estructuras paraestatales gestadas para la eliminación física del "enemigo" y la implantación del terror como
método de control social de la población.

La superación de esa hipótesis de conflicto –por derrota militar de los movimientos guerrilleros o por acuerdos de
pacificación– y el repliegue de los regímenes militares como
sostenedores de ese proceso supusieron un desmantelamien-
to de estas estructuras, en principio, por el mero hecho de
extinguirse la motivación política que les había dado origen.
Además, aunque con diferencias según el país de que se trate,
los gobiernos democráticos posteriores han hecho esfuerzos
deliberados en pos su desarticulación. Ello siguió una doble
estrategia: por un lado, el esclarecimiento de las violaciones
a los derechos humanos cometidas durante la etapa de represión, a través de la creación de comisiones investigadoras
independientes, lo que permitió llevar a juicio a muchos de
los responsables. Por el otro, programas de reformas y depu-
raciones en las instituciones castrenses y policiales, y pactos
de desmovilización y entrega de armas de grupos civiles.

Sin embargo, la batalla contra esta "mano de obra desocu-
pada", como se la ha denominado en algunas latitudes, no
ha sido ganada. En muchos casos, lo que se dio fue una re-
conversión, mutación o reagrupamiento de estos elementos,

para ponerse al servicio de otros fines o intereses (como se ha examinado en capítulos anteriores, relacionados a distintas variantes de "limpieza" o a actividades delictivas).

En los países con alta penetración del narcotráfico, se establece una dinámica de interacciones mucho más compleja. Por un lado, las organizaciones dedicadas al comercio internacional de estupefacientes suelen armar verdaderos ejércitos privados destinados a garantizar los circuitos de la propia actividad, lo que implica, entre otras tareas, la protección personal de los altos jefes, el amedrentamiento o eliminación de bandas rivales, competidores, delatores, informantes, excolaboradores, así como también de funcionarios públicos, dirigentes políticos y personas comunes que luchan abiertamente en su contra o no se avienen a sus dictados. Por otra parte, los volúmenes de dinero que mueve este negocio resultan un aliciente difícil de resistir tanto para uniformados —muchas veces mal pagos o degradados dentro de sus instituciones— como para las capas de población sumidas en la marginalidad y sin horizontes.

Este cuadro resume a grandes rasgos la situación de naciones como Brasil, Honduras, Guatemala y El Salvador, en los que militares y policías de todos los rangos, retirados y en actividad, así como exmiembros de bandas de exterminio dedicadas en el pasado a la persecución política, son señalados desde hace dos decenios como sospechosos de operar clandestinamente con el crimen organizado. Y, en ocasiones, son acusados no sólo de proteger a grandes mafias, sino también de liderarlas.

Pero aquellos países que padecen simultáneamente el acoso de movimientos político-militares y narcotráfico, que normalmente conlleva un mayor activismo de grupos paramilitares, plantean un escenario aun más complejo. Los Estados se ven desafiados por un doble frente de batalla —insurgencia y crimen organizado— que no sólo pone en entredicho el monopolio del uso de la fuerza sino también el control territorial, y con ello el mismo principio de autoridad estatal. A la vez, mantienen un contradictorio esquema de relaciones con milicias de diversa índole de actuación ilegal. Por su parte, guerrillas, narcos y paramilitares tejen entre sí un cambiante sistema de alianzas y enfrentamientos, de acuerdo con las diferentes coyunturas.

En esta caracterización se ubican Colombia y México –no casualmente, los dos países donde se asientan los principales carteles de la droga del continente–, que exhiben casi todas las formas de violencia posibles y contra casi todos los blancos posibles. Narcos contra narcos, narcos contra guerrilla, paramilitares contra unos u otros. Estados que hacen uso de la fuerza en forma legítima e ilegítima. Civiles que se embarcan en la autodefensa. En el medio, enormes sectores de población inerme, víctima y rehén de una guerra ajena.

Colombia: todos los gatos son pardos

Con el surgimiento de tres agrupaciones a mediados de la década del 60, nacieron las guerrillas más antiguas de América Latina, que aún hoy, medio siglo después, continúan activas

En 1964 se fundaron las Fuerzas Armadas Revolucionarias de Colombia (FARC), de estrecho vínculo con el partido comunista y base agraria, que tuvo en el campesinado su principal apoyo. Al poco tiempo, se desprendió el Ejército de Liberación Nacional (ELN), más cercano a las teorías del foco revolucionario promovidas por la revolución cubana, con mayor predicamento en sectores obreros, universitarios y católicos identificados con la Teología de la Liberación. Y paralelamente se conformó el Ejército Popular de Liberación (EPL), de orientación maoísta y promotor de la guerra popular prolongada que, pese a una desmovilización parcial a principio de los años 90, mantiene actualmente combatientes en armas.

Hacia 1970, se sumó el Movimiento 19 de abril (M-19), fundamentalmente como movimiento urbano de ruptura con los partidos tradicionales, de impronta nacionalista y socialista, que dos décadas más tarde abandonó la lucha armada y se transformó en movimiento político.

A lo largo de su historia, los movimientos insurgentes alternaron etapas de enfrentamiento entre sí (que incluyó acciones bélicas) con momentos de cooperación (como en 1987, cuando tres de ellos se aunaron en 1987 en la Coordinadora Guerrillera Simon Bolívar).

Además de protagonizar algunos hechos espectaculares, como el robo de la espada de Simón Bolívar, la toma de embajadas y de edificios gubernamentales, estas organizaciones han dirigido ataques contra bases militares, puestos policiales, atentados contra la infraestructura petrolera y eléctrica, tomas de pueblos y siembra de minas antipersona. Todas ellas se han financiado mediante el secuestro, extorsión, abigeato, lavado de activos, cobro de dineros denominados "vacunas", asaltos a instituciones bancarias y comerciales. En particular, la práctica del secuestro adquirió proporciones exorbitantes, que amén de los obvios fines económicos, se utilizó como instrumento de desestabilización política y de presión para obtener el canje de combatientes presos.

Según el informe del Grupo de la Memoria Histórica, en el período 1970-2010 fueron secuestradas 24.400 personas por la guerrilla, mayormente efectivos de las fuerzas de seguridad, empresarios, dirigentes políticos y sindicales, legisladores y autoridades. El pico máximo se alcanzó entre 2000 y 2002, cuando se inauguró la modalidad de "pescas milagrosas", que consistió en el establecimiento de retenes en las salidas de los pueblos o ciudades, donde los rebeldes exigían información a los ocasionales transeúntes (dinero, propiedades, etc.) y decidían en consecuencia consumar un rapto.

Entre finales de los 70 y comienzos de los 80, la propagación del narcotráfico y la irrupción del paramilitarismo se convirtieron en un acelerador de la violencia y los grupos de justicia privada, al mismo tiempo que significó constantes reacomodamientos fruto de circunstanciales convergencias y divergencias de intereses.

La asociación estratégica −y comercial− entre los grupos guerrilleros y los traficantes de drogas se fue deteriorando, entre otras razones por la política de secuestros de los primeros. El detonante fue el de un familiar directo de los hermanos Ochoa −capos del Cartel de Medellín−, ocurrido en 1981 y atribuido al M-19. En respuesta, más de 200 líderes de la mafia de Antioquia y Valle conformaron el escuadrón Muerte a Secuestradores (MAS), al que dotaron de unos 2.200 hombres. En pocos días, secuestraron a 25 miembros de la familia del autor del secuestro y asesinaron a casi cien personas sospechadas de pertenecer a ese movimiento guerrillero. La virulencia fue tal que el propio jefe del Cartel de Medellín, Pablo Escobar, terminó negociando un acuerdo de no agresión y de respeto de territorios.

No obstante, la actividad el MAS no se detuvo; por el contrario, combatientes, militantes de la izquierda, periodistas, juristas y sindicalistas pasaron a integrar la lista negra de perseguidos, torturados y ejecutados. El plan era eliminar no sólo a los miembros de los grupos armados sino también a sus simpatizantes, a sus vecinos, a sus familias y amigos, y a aquellos que osaran denunciarlos en sus escritos. Fue particular el ensañamiento con los miembros de la Unión Patriótica, un partido fundado en 1985 como expresión política de los movimientos guerrilleros. Las fuerzas de seguridad no fueron en absoluto ajenas a este accionar: se estima que cerca de 60 miembros en servicio activo del Ejército y la Policía Nacional tuvieron vinculación con el MAS.

Pero ésta sería sólo la primera manifestación a gran escala del paramilitarismo. Afectados también por los secuestros, los robos, las extorsiones y ataques diversos contra la propiedad, empresarios, ganaderos y terratenientes comenzaron a organizar y sostener grupos de choque y extermino orientados inicialmente al combate a la insurgencia. Amén de un sustrato profundamente anticomunista, la lógica era puramente económica: a larga, resultaba más barato financiar del propio bolsillo grupos de defensa que pagar los cuantiosos rescates y sobornos que exigían los rebeldes. La alianza estratégica con los barones de la cocaína, devenidos ellos mismos en terratenientes e inversionistas y dueños de sus propios ejércitos privados de protección y sicariato, no se hizo esperar.

No obstante, es importante destacar que la existencia de estas formaciones paramilitares no era de por sí ilegal; tenía amparo jurídico en la Ley Nº 48, dictada en 1968 en el marco de la declaración del estado de sitio (y que tuvo vigencia hasta 1989). Allí se establecía que "La participación en la defensa civil es permanente y obligatoria para todos los habitantes del país. Todos los colombianos, hombres y mujeres, no comprendidos en el llamamiento al servicio militar obligatorio, podrán ser utilizados por el Gobierno en actividades y trabajos con los cuales contribuyan al restablecimiento de la normalidad".

Por lo tanto, estos grupos legales de autodefensa eran en teoría subordinados a las Fuerzas Armadas y debían cumplir tareas de colaboración o apoyo, en lo que se conocía como trabajos de "fumigación", que consistía en la expulsión de subversivos de determinadas áreas. Pero en forma progresiva empezaron a reforzarse y a actuar en forma autónoma, precisamente en la medida en que el Ejército mostraba serias limitaciones en su misión de garantizar el orden público. Así pasaron de las actividades de protección y defensa a las de agresión y persecución, escapando del control formal y efectivo de las autoridades militares, aunque con su aquiescencia, tolerancia o complicidad.

En esta dinámica las bandas armadas de extrema derecha crecieron dejando un baño de sangre sin precedentes. Había armas y dinero para masacrar a anónimos e indefensos campesinos en apartadas regiones, como se ha descripto en capítulos precedentes (*ver capítulo 4*). Para emprender tareas de "limpieza" en las ciudades contra delincuentes y marginales. O para acallar las voces de la política que se percibían amenazantes. Actuando en forma separada o conjunta, los narcotraficantes y los paramilitares han sido responsables del asesinato de cuatro candidatos presidenciales: Jaime Pardo Leal (1987), Luis Galán (1989), Bernardo Jaramillo Ossa (1990) y Carlos Pizarro Leongómez (1990).

Para esa época, los focos de violencia se multiplicaban día a día. En 1991, tras una ronda de negociaciones con el gobierno, el Ejército Popular de Liberación acordó desmovilizarse e ingresar en la vida democrática. Esta decisión desató una carnicería por parte de las FARC, que en los siguientes años asesinó a unos 200 exmiembros de aquel grupo guerrillero, a los que acusaba de traidores y de haberse convertido en informantes y agentes de inteligencia del Estado.

Paramilitares: el eterno retorno

A principios de 1993 aparecieron Los Pepes (acrónimo de Personas Perseguidas por Pablo Escobar), una banda conformada y financiada por antiguos socios y aliados del jefe del Cartel de Medellín, que durante meses se abocó a la destrucción de propiedades de Escobar y su familia, y al asesinato de sus escoltas, abogados y contadores. Contó con el sostén de los capos de su histórico competidor, el Cartel de Cali, y la decisiva participación de los entonces ascendentes líderes de las Autodefensas Campesinas de Córdoba y Urabá (ACCU), los hermanos Carlos y Fidel Castaño, quienes otrora habían sido cercanos a Escobar, pero que por desavenencias en el negocio del narcotráfico se pasaron a la vereda de enfrente. Este grupo colaboró activamente con el denominado Bloque de Búsqueda, una unidad de operaciones especiales creada por el gobierno colombiano, que a fines de ese año logró dar muerte a Escobar.

El creciente poder de los Castaño iba a ser crucial en el proceso de unificación de las formaciones paramilitares a nivel nacional. En 1997, bajo el liderazgo de Carlos, se conformaron las Autodefensas Unidas de Colombia (AUC) como estructura militar descentralizada y heterogénea, pero con un mismo perfil de contrainsurgencia y actividades criminales (asesinatos masivos y selectivos, extorsión, despojo de tierras, tráfico de drogas).

Con ello el nivel de violencia generalizada se disparó, ingresando el conflicto en su etapa más crítica, por lo menos en lo referente a la cantidad de víctimas de homicidio, desaparición, privación de la libertad, reclutamiento de menores de edad, abuso sexual y desplazamientos forzosos. Los años 2000 a 2002 fueron el lapso en que se dio la mayor cantidad de masacres por parte de la AUC y de secuestros por parte de la guerrilla.

En 2003, el gobierno del presidente Alvaro Uribe inició negociaciones con las AUC para lograr su desmovilización de los paramilitares, proceso que culminó tres años más tarde con el desarme de unos 32.000 combatientes y la entrega de 18.000 armas. Si bien esto trajo como consecuencia una desaceleración de la violencia por parte de todos los actores, no erradicó la problemática.

Se calcula que en la actualidad los grupos armados ilegales que persisten involucran a unos 6.000 hombres, a los que se clasifica en tres categorías: disidentes (aquellos que no se desmovilizaron o no cumplieron el compromiso de hacerlo), rearmados (desmovilizados que reincidieron) y emergentes (constituidos con posterioridad). Actúan principalmente en las antiguas zonas de influencia de las AUC, organizados en cinco grandes estructuras, Rastrojos, Urabeños, Paisas, Aguilas Negras y Ejército Popular Revolucionario Antiterrorista de Colombia (Erpac), y con presencia en más de 160 municipios.

Aunque en menor proporción que en el pasado, continúan con el mismo tipo de acciones: coacción, amenazas, asesinatos, desapariciones, desalojos de población, limpieza social, crimen organizado (principalmente control sobre el tráfico de estupefacientes, rubro en el que habrían establecido una alianza estratégica con las FARC). Incluso han incursionado en actividades nuevas, como la minería ilegal, el contrabando, la explotación forestal y la trata de personas.

Bautizadas por el propio Uribe como "bandas criminales emergentes" (Bacrim), se trata de lo que muchos analistas denominan "neoparamilitarismo" o "tercera generación de paramilitarismo", ya que no constituyen bandas de delincuencia común.

Aunque ya no tienen motivaciones políticas y sólo se mueven por intereses económicos, estos grupos conservan una logística e infraestructura de tipo militar, la pretensión de dominio territorial, y vínculos con sectores estatales y de la fuerza pública.

México, territorio violento

México ha ofrecido en los últimos decenios un complejo panorama de violencia de diversos orígenes. Sin dudas, uno de los factores clave en este escenario ha sido el creciente poderío del narcotráfico, actividad que no sólo lleva implícita la propagación de hechos violentos por su propia naturaleza delictiva, sino que además tiene el agregado de inscribirse en una feroz guerra entre carteles. De este modo, los ajustes de cuentas, las embestidas dirigidas al desalojo de rivales, al control de rutas o al copamiento de plazas de negocio se han vuelto moneda corriente en casi toda la geografía mexicana.

Asimismo, durante la segunda mitad de los años 90, la irrupción en el estado de Chiapas de un nuevo movimiento político-militar que propugnaba la toma del poder mediante la lucha armada, implicó la multiplicación de acciones de insurgencia y contrainsurgencia, que convirtieron a la porción sur del país en un campo de batalla, en el que las principales víctimas resultaron las masas campesinas e indígenas, blanco de masacres y desplazamientos forzados.

Más recientemente, se sumó el fenómeno de las organizaciones pandilleras de carácter transnacional, que en un constante avance desde Centroamérica se expandieron en una amplia zona del sur, centro y norte de la república.

En el accionar de todos estos grupos, de los que se constituyen con el propósito de combatirlos, y de la fuerza pública encargada de sostener el orden y la seguridad, los escuadrones de la muerte estuvieron a la orden del día.

En un trabajo publicado en julio de 2013 por el exgobernador de Zacatecas y actual diputado federal Ricardo Monreal, del centroizquierdista Movimiento Ciudadano —titulado *Escuadrones de la muerte en México*—, se afirma que actualmente entre 180.000 y 200.000 personas forman parte de una fuerza armada privada al servicio de siete grandes carteles de la droga, 25 bandas locales y 180 grupos diseminados. Esos comandos están integrados en un 70% por hombres, registrándose en los últimos años una participación creciente de mujeres. Además, han reclutado a unos 35.000 niños de entre 12 y 17 años, que desempeñan labores de vigilancia y "halconeo", traslado de personas, mercancía y dinero. Seis de cada 10 miembros son expolicías o exmilitares, mientras que 4 son civiles.

En ese documento, se establece además una categorización en cuatro tipos de unidades de exterminio:

+ *Insurgentes:* surgidos bajo la forma de autodefensas (guardias comunitarias de estructura paramilitar).

+ *Privados:* creados por las corporaciones empresariales, que contratan para seguridad personal y vigilancia de instalaciones a mercenarios extranjeros (sobre todo provenientes de Estados Unidos, Israel y Colombia). No hay registro ni control de personas y armas involucradas.

✦ *Paralelos:* formados por el crimen organizado, se dedican al cobro de rentas, extorsión y secuestro, pero sobre todo actúan en operaciones de comando para defender territorios.

✦ *Oficiales:* originados en unidades especiales de las Fuerzas Armadas, que de manera ilegal realizan operaciones de aniquilamiento.

Es evidente que se llegó a esta situación por una concatenación de acontecimientos que ameritan ser reseñados en detalle. El siguiente no pretende ser un *racconto* estrictamente cronológico, ya que se trata de fenómenos que se dieron en forma superpuesta en tiempo y/o espacio.

Brotes y rebrotes

Cuando en el resto de América Latina prácticamente se producía el repliegue definitivo de los movimientos guerrilleros, a principios de 1994 surgió en el estado de Chiapas el Ejército Zapatista de Liberación Nacional (EZLN). Con una base ideológica socialista, autogestionaria e indigenista, justificó su accionar en el principio constitucional de la soberanía popular, al mismo tiempo que asumió el compromiso de llevar las acciones bélicas con sujeción a la Convención de Ginebra y otros convenios sobre la guerra establecidos a nivel mundial. Inició el levantamiento con la toma de siete cabeceras municipales, como punta de lanza para la construcción de comunidades de gestión autónoma organizadas de forma de democracia participativa.

Con continuos llamamientos al establecimiento de un gobierno nacional de transición, la conformación de un amplio frente de oposición, la convocatoria a una convención constituyente y al reconocimiento de los derechos indígenas, el ejército zapatista mantuvo negociaciones de paz con las distintas autoridades federales que se sucedieron. Asimismo, sustentado en una novedosa estrategia comunicacional y de manejo de la información –lo que ha dado en llamarse guerra en red–, obtuvo importantes bases de apoyo popular y concitó simpatías internacionales. A partir de 2001, disminuyó sus operaciones militares y se focalizó en la labor política, afianzando las llamadas Juntas de Buen Gobierno, hasta decretar el cese de fuego en 2005 para optar por la vía pacífica de lucha contra "la explotación, el capitalismo y la globalización neoliberal" por fuera del sistema de partidos tradicionales.

Este camino estuvo plagado de hechos de violencia. Las tomas de pueblos por parte de los zapatistas no estuvieron exentas de abusos, como ejecuciones sumarias, destrucción de edificios públicos, requisas, saqueos, reclutamiento forzoso y bloqueo de comunidades enteras. La respuesta estatal condujo a una virtual militarización de la región, con el envío de miles de efectivos de las Fuerzas Armadas, la implementación de un cerco de aislamiento y el férreo control del ingreso y egreso de personas en las zonas de conflicto. Pero además gran parte de la acción represiva estuvo en manos de grupos paramilitares –se contabilizaron unos 15– que tomaron a su cargo la tarea de hostigar y aniquilar a presuntos combatientes, sus bases de apoyo, miembros de organizaciones campesinas y comunales, militantes populares y de izquierda.

En su mayoría estas formaciones actuaban en áreas relativamente pequeñas, con escasa coordinación entre sí, y contra objetivos específicos. El grupo Paz y Justicia dirigió sus ataques contra catequistas, agentes de pastoral y sacerdotes de la Iglesia Católica, a los que culpaba de dar cobertura a los insurgentes. El Movimiento Indígena Revolucionario Antizapatista (MIRA) centró sus acciones contra la población de ayuntamientos "rebeldes", es decir aquéllos con gobiernos de influencia zapatista. La Alianza San Bartolomé de Los Llanos, contra los habitantes de tierras de tenencia comunal. Con la práctica de cobros de "cuotas" a las familias, retenes en caminos y carreteras, y operativos de tierra arrasada, provocaron el desplazamiento de miles de campesinos e indígenas.

A casi todos ellos se los ha acusado de recibir financiamiento de terratenientes, ganaderos y finqueros; de contar con el apoyo, apenas disimulado, de dirigentes locales, diputados y presidentes municipales del Partido Revolucionario Institucional (PRI); y de incluir en sus filas a militantes declarados de ese partido. Pero, sobre todo, se han señalado evidencias de una relación directa con la fuerza pública, que iba desde la tolerancia de su existencia, hasta el entrenamiento y dirección de estos grupos por parte de militares y policías.

Un territorio fragmentado

Uno de los episodios más trágicos fue el que se produjo en la localidad de Acteal en diciembre de 1997, cuando un grupo de aproximadamente 90 personas ingresó en una iglesia donde se realizaba una jornada de ayuno y oración. Sin mediar palabra, dispararon con armas de alto calibre y con balas expansivas a los presentes. Fueron masacrados 45 fieles (en su mayoría, niños y mujeres), pertenecientes a la etnia tzotzil. Pese a que inicialmente fueron detenidos cerca de un centenar de indígenas como autores de la agresión, los indicios apuntan a la responsabilidad de las bandas paramilitares, probablemente la denominada Máscara Roja.

En lo referido al narcotráfico, si bien las organizaciones dedicadas al comercio de drogas existieron en México desde décadas anteriores, fue en los años 90 cuando cobraron importancia debido al declive de operaciones de los carteles colombianos de Cali y Medellín, que les abrió el camino al dominio casi absoluto del mercado en Estados Unidos.

El crecimiento de las bandas narcotraficantes ha tenido lugar en un contexto de constante disputa por el dominio territorial del negocio, que en los últimos años significó desprendimientos, alianzas cambiantes, y un aumento de la cantidad de organizaciones. De los siete grandes carteles que dominan actualmente la escena –Los Zetas, Sinaloa, Pacífico Sur, Juárez, Jalisco Nueva Generación, Los Caballeros Templarios y del Golfo–, los dos primeros controlan cerca del 80% del tráfico y se encuentran en una guerra sin cuartel, forzando a un alineamiento de los demás en torno a uno u otro. En un ambiente en donde las diferencias se resuelven a punta de pistola y donde la deserción y la traición se castigan con la muerte y crímenes "ejemplificadores", los cadáveres tapizan las calles. Y las matanzas colectivas se llevan hasta 30, 40 o 50 vidas por vez. Los ojos del mundo han sido testigos de escalofriantes postales de personas ejecutadas colgadas de los puentes, decapitadas, incineradas dentro de vehículos o amontonadas en contenedores de basura.

Numerosos observadores coinciden en señalar que la eclosión de violencia tuvo lugar en convergencia con la ofensiva contra el crimen organizado lanzada en 2006 por el entonces presidente Felipe Calderón, del Partido Acción Nacional (PAN). Desde entonces, según distintas fuentes, se han registrado más de 60.000 muertos y desaparecidos en relación con la lucha contra el narcotráfico, cinco mil de ellos en la primera mitad de 2013. También son muchos quienes sostienen que muchas de esas víctimas son obra de escuadrones de la muerte, engendrados tanto en las propias organizaciones delictivas, como al interior de las fuerzas de seguridad públicas y desde sectores civiles.

En este orden de ideas, se presenta el caso de Ciudad Juárez como paradigmático. Allí se vivió un aumento exponencial de la tasa de homicidios entre 2008 y 2011, atribuido por los medios de comunicación y los voceros oficiales a una pugna entre carteles de la droga. Sin embargo, existen fuertes sospechas de que parte de ese derramamiento de sangre fue responsabilidad de unidades de las Fuerzas Especiales que realizan "ataques quirúrgicos" contra células del narcotráfico y contra delincuentes.

En efecto, el envío de tropas federales en grandes contingentes a esa ciudad comenzó precisamente en 2008, y a partir de allí se generalizó un patrón de asesinatos a sangre fría por parte de equipos coordinados de hombres armados, a veces enmascarados, que evidencian el uso de tácticas de inteligencia, vigilancia y logística de tipo militar. Para muchos, éste fue un primer "laboratorio" de escuadrones de la muerte, para su posterior aplicación en otros puntos críticos del territorio. Hacia 2009 también se registró una ola de ataques a clínicas de rehabilitación en Juárez, en la que decenas de personas, en su mayoría adictos en recuperación, fueron asesinadas en asaltos tipo comando. Hasta el momento no hay una explicación clara, aunque algunos han sugerido que era obra de los propios carteles, en un intento de eliminar a potenciales informantes, mientras que otros afirman que se vincula a tareas de "limpieza social" por parte de elementos de las fuerzas de seguridad.

El enfrentamiento entre organizaciones narcotraficantes deparó el surgimiento de bandas de exterminio, que operan como brazo armado para eliminar a la competencia y trabajan por encargo de uno o más grupos con un enemigo común. La más renombrada, los Mata Zetas, se presentó en sociedad en 2011 como perteneciente a Jalisco Nueva Generación, y ha desplegado su actuación no sólo en su estado originario sino también en Veracruz y Guanajuato, en beneficio de los carteles de Sinaloa y del Golfo.

En este punto, adquiere trascendencia la expansión de grupos pandilleros, identificados con las maras Salvatrucha y Barrio 18, originarias de Centroamérica. Con diferentes grados de relación con el tráfico de estupefacientes, en muchos casos fungen como tropa privada al servicio de los ajustes de cuentas de los grandes carteles. Según datos del 2008 de la Comisión Nacional de Derechos Humanos, se calcula que estas organizaciones involucran a 5.000 miembros, distribuidos en 200 células o "clicas", con presencia en 23 estados de la república y en el Distrito Federal.

El horror desembozado

Este proceso de fortalecimiento del crimen organizado ha derivado en lo que muchos especialistas definen como narco-terrorismo, término que debe entenderse en dos dimensiones: por un lado, alude a la cooperación y alianza estratégica entre mafias del narcotráfico y distintos grupos armados que operan en la clandestinidad, ya sean delincuenciales, pandilleros, insurgentes o terroristas, incluyendo vínculos con organizaciones análogas de otros países; por el otro, refiere a una forma de acción directa contra la población civil mediante hechos que por su magnitud provocan el terror en la gente. Ésta es la caracterización que ha adoptado el gobierno norteamericano desde hace por lo menos un lustro, en ocasión del ataque con granadas durante una celebración patria en pleno centro de Morelia (Michoacán), en septiembre de 2008, donde se encontraban reunidas unas 30.000 personas, presuntamente cometido por Los Zetas.

Tiempo después, el propio presidente Calderón sugirió la existencia de terrorismo vinculado a la delincuencia organizada, a propósito del atentado al Casino Royale, de Monterrey. En ese episodio, ocurrido en agosto de 2011, un comando de unas 15 personas (también pertenecientes a Los Zetas) provocó un incendio intencional en esa casa de juegos, ocasionando la muerte de 52 concurrentes.

De todas formas, cualquiera sea la denominación que se utilice, lo que resulta claro es que se trata cada vez más de una conflagración que se libra en la población, por delincuentes que pueden o no estar involucrados con el tráfico de estupefacientes. Ya no se limita a contiendas donde los miembros de un cartel o las fuerzas del gobierno son los principales objetivos, y las bajas civiles constituyen daños colaterales; en este frente de batalla son los civiles los están en la mira.

El panorama no estaría completo sin hacer mención a una última variante de escuadrones de exterminio, cuya naturaleza y procedencia es aún materia de debate. A comienzos de

2013 se hizo pública la existencia de grupos civiles armados en el estado de Guerrero, a los que se conoce como guardias comunitarias o autodefensas, que con el correr de los meses se han reproducido en por lo menos ocho estados más: Tabasco, Veracruz, Oaxaca, México, Michoacán, Colima, Jalisco y Chihuahua. Su objetivo declarado es acabar con violadores, asaltantes, ladrones, extorsionadores y narcotraficantes. Sus miembros estilan llevar uniformes camuflados o de tipo militar y cubrir sus rostros con pañuelos o pasamontañas. Además de armas de fuego, suelen portar machetes, cuchillos y elementos cortantes. En algunos sitios organizan retenes y barricadas en los accesos a los barrios o comunidades, realizan patrullajes en camionetas y rondas de vigilancia las 24 horas. Incluso en el caso del poblado de Aquila (Michoacán) ocuparon las instalaciones de la policía municipal y retuvieron durante varias horas a 30 efectivos y dos vehículos oficiales.

La información periodística habla de unos 50 grupos de autodefensas en todo México, de los cuales 20 operan en Guerrero e involucran a 5.000 personas. Aunque por regla general las autoridades federales y estaduales tienden a rechazar esa tipificación y las consideran bandas de delincuentes comunes, algunos funcionarios están empezando a tomar cartas en el asunto. Así han surgido propuestas de variado signo: desde aquellos que plantean su legalización e incorporación al Sistema Nacional de Seguridad Pública, hasta quienes reivindican políticas de "mano dura" para desarticularlas por completo.

Epílogo

> "Y todo esto pasó con nosotros. /
> Nosotros lo vimos, nosotros lo admiramos. /
> Con esta lamentosa y triste suerte /
> nos vimos angustiados".
> *Los últimos días del sitio de Tenochtitlan,*
> manuscrito anónimo de Tlatelolco, 1528

Quien haya leído estas páginas habrá transitado, como quien las ha escrito, un doloroso (aunque somero) recorrido por la historia reciente de América Latina. Una saga en que la existencia de escuadrones de la muerte pone en evidencia la debilidad de los Estados de la región, que por acción u omisión permiten su florecimiento. Una suerte de "tercerización", en que el Estado cede el uso de la fuerza a grupos extralegales, vulnerando los derechos y garantías individuales.

Un recorrido que es, a su vez, un repaso de los espantosos extremos a que puede llegar la naturaleza humana. De la capacidad que tienen ciertas personas de poner su inteligencia y su esfuerzo al servicio de la crueldad y la destrucción. Del fanatismo que no mide medios ni consecuencias.

Como vimos, históricamente hubo un auge de los escuadrones de la muerte bajo regímenes militares o militarizados que se embarcaron en la cruzada contra el "demonio" comunista en las décadas del 70 y del 80 del siglo pasado. Bajo el pretexto de un "estado de excepción", sometieron a los poderes legislativo y judicial, y amordazaron a la prensa, lo que les dio vía libre para llevar a adelante una "guerra sucia", de la que nunca se hicieron responsables. La verdad se ha ido reconstruyendo trabajosamente, de a retazos, mediante comisiones investigadoras y juicios que recién se pudieron realizar años o décadas después.

Pero más recientemente, con gobiernos democráticos en toda la región, los grupos de exterminio se diversificaron. Ya no tienen motivaciones políticas, ahora se dedican a la "limpieza", persiguiendo a pobres, campesinos, incluso delincuentes. Las autoridades insisten en desconocerlos, minimizarlos, en reducir todo a meros ajustes de cuentas del hampa. Una tozuda negativa que sin dudas pretende esconder las eventuales responsabilidades de los funcionarios e instituciones a su cargo.

Tanto en el pasado como en el presente, les queda a los deudos la tarea de peregrinar por comisarías y juzgados, en busca de sus seres queridos que han desaparecido, o en una incierta, desesperanzada lucha por obtener justicia para sus muertos. Y a ellos (también y sobre todo) está dedicado este modesto aporte.

Releyendo estas páginas, es imposible no sentir un sabor amargo, que se acentúa al constatar que no sólo se trata de tristes episodios del pasado, sino de una realidad que, insistimos, nos acecha en el presente.

Los casos aquí reseñados (que son apenas una selección de los más representativos o los más monstruosos) trataron de mostrar la sustancia real de la que está hecha esta crónica: el sufrimiento de miles de personas.

No sólo el de las víctimas fatales, que han padecido abuso físico, violencia psicológica y torturas indecibles antes de su trágico final. Sino también de sus familiares y amigos, que han sido objeto de persecución y amenazas, de la revictimización por parte de los poderes públicos, y de la denegación sistemática de justicia. Y que en muchos casos no han tenido siquiera un cuerpo al que llorar, que sobrellevan duelos que no tienen principio ni fin.

Pero sobre todo resulta estremecedora la imagen de poblaciones enteras sometidas al terror, bajo constante amenaza, rehenes del fuego cruzado de los violentos y que se encuentran en el más completo desamparo.

No sería justo desconocer el empeño de muchos gobiernos que han encarado decididamente el camino de la verdad, promoviendo el esclarecimiento de los episodios más oscuros del pasado y el castigo a los responsables de crímenes contra la humanidad. Así como tampoco puede dejarse de mencionar el trabajo de distintas organizaciones de derechos humanos, locales e internacionales, públicas y de la sociedad civil, que no han cejado en su labor de denuncia y de reconstrucción de la memoria.

Sin embargo, el final es aún abierto, y el desafío sigue siendo enorme. Porque las bandas de exterminio están entre nosotros. Y no descansan.

Buenos Aires, octubre de 2013.

Apéndice fotográfico

Izquierda: logotipo de Guardia de Hierro, agrupación paramilitar rumana, fascista y antisemita nacida en la década del 30, como brazo armado de la Legión de San Miguel Arcángel. *Derecha*: Cornelio Zela Codranu (1899-1938), creador de la Legión y de su violento apéndice. A sus unidades de acción comenzó a denominárselas "escuadrones de la muerte".

1940. Desfile celebrando la firma por Rumania del Pacto Tripartito. En primera línea, el entonces dirigente de la Guardia de Hierro, Horia Sima (tercero desde la izquierda); el caudillo del país, Ion Antonescu (cuarto), y el monarca rumano, Miguel I (quinto).

La liga patriótica argentina

Un comando civil de la Liga Patriótica Argentina, grupo de ultraderecha creado en Buenos Aires contra las huelgas obreras de fines de 1918. La conformaban violentas organizaciones paramilitares y miembros de "altos círculos sociales".

Izquierda: almirante Manuel Domecq García (1859-1951), instigador y presidente provisional de la Liga. *Derecha*: huellas del fuego represor en las calles de la ciudad.

Paramilitares en México

Izquierda: presidente Plutarco Elías Calles (1877-1945). Bajo su mandato se dio la "Guerra de los Cristeros", como reacción a los límites impuestos a la Iglesia Católica. La rebelión popular fue combatida en parte con fuerzas paramilitares que sembraron el terror entre los cristeros. *Derecha*: hubo ejecuciones sumarias y ahorcamientos públicos. *Abajo*: impresionante marcha y muestra de poder de los "Camisas Rojas", uno de esos grupos represivos no regulares.

LA ESCUELA FRANCESA

Arriba: logotipo de la que fuera el mayor arquetipo de fuerzas paramilitares, la *Organisation de l'Armée Secrète* (OAS), fuerza terrorista francesa de extrema derecha. *Derecha*: Raoul Salan (1899-1984), quien dirigió esta asociación nacida en 1961.

La OAS se dedicó a reprimir a los independentistas argelinos, pero también mataba franceses en su propio territorio. Creó sistemas de tortura luego usados por otras fuerzas; entre ellas, los grupos militares y paramilitares de las dictaduras latinoamericanas.

La siniestra Triple A

Buenos Aires, 1974. En el centro, el "Brujo", José
López Rega (1916-1989). Durante el gobierno de
María Estela Martínez (n. 1931), viuda de Perón,
organizó la Alianza Anticomunista Argentina, grupo
terrorista paramilitar con más de 1.500 crímenes
cometidos entre 1973 y 1976.

El tres veces presidente de Argentina, Juan Domingo
Perón (1895-1974), saluda a quien sería una figura
fundamental de la Triple A, Rodolfo E. Almirón Sena
(1936-2009), expolicía; fue condenado y extraditado
de España. Miguel Rovira, otro integrante notable del
grupo, sonríe en el centro.

CONTRA EL "ENEMIGO INTERNO"

El estadounidense Instituto del Hemisferio Occidental para la Cooperación en Seguridad se inauguró en Panamá en 1946. Formó en la Doctrina de Seguridad Nacional, en la tortura y la represión, a militares como los generales Leopoldo Fortunato Galtieri (Argentina), Manuel Antonio Noriega (Panamá) y Manuel Contreras (Chile). Muchos de sus alumnos formarían grupos paramilitares.

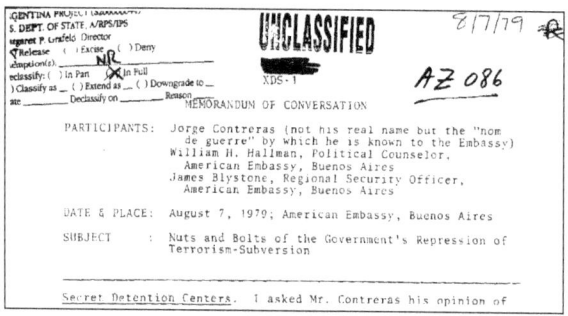

Memorándum de la Embajada estadounidense en Argentina, del 7 agosto de 1979, sobre una conversación con Jorge Contreras (se aclara que es un "nombre de guerra"), relativa a temas gubernamentales y a la "represión del terrorismo y la subversión".

ESCUADRONES EN EL SALVADOR

Izquierda: Roberto d'Aubuisson Arrieta
(1944-1992), militar salvadoreño, fundador del
partido de derecha ARENA. Estudió en la Escuela
de las Américas. Allí lo llamaban *Blowtorch Bob* pues
gustaba de usar sopletes para torturar.
Derecha: opositores hallados muertos en 1980.

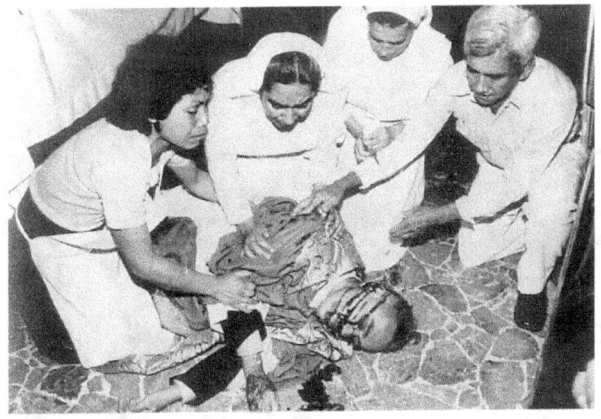

El obispo Oscar Romero (1915-1980) después de su
ejecución, también atribuida a los comandos
de d'Aubuisson.

México, el horror cotidiano

Colgados, descuartizados, fusilados. Todas las formas del horror se abaten hoy sobre los mexicanos. Grupos armados de los carteles de la droga, sicarios que ejecutan y luego son ejecutados, políticas estatales erróneas o dudosas, policías y jueces sospechados de colaborar con el poderoso crimen organizado.

El uso de la violencia por parte de grupos ilegales impunes se ha adueñado de las calles.

Bibliografía

Libros y artículos:

Buitrago, Francisco Leal: "La doctrina de Seguridad Nacional: materialización de la Guerra Fría en América del Sur", en *Revista de Estudios Sociales* de la Universidad de Los Andes, N.° 15, Bogotá, junio de 2003.

Cajas, Juan: "Limpieza social y paramilitarismo: fractura del Estado de derecho", en Revista *DFensor*, de la Comisión de Derechos Humanos del Distrito Federal, N.° 4, México, abril de 2012.

Dutil, Carlos; Ragendorfer, Ricardo: *La bonaerense. Historia criminal de la policía de la provincia de Buenos Aires*. Buenos Aires, Planeta, 1997.

Monreal Ávila, Ricardo: *Escuadrones de la muerte en México*. México, Imprenta de la Cámara de Diputados de México, 2013.

Rangel, Alfredo (editor): *El poder paramilitar*. Bogotá, Planeta, 2005.

Robin, Marie-Monique: *Escuadrones de la muerte. La escuela francesa*. Buenos Aires, Sudamericana, 2005.

Rodriguez Agüero, Laura: "Las mujeres en prostitución como blanco del accionar represivo". Ponencia en el III Congreso Iberoamericano de Estudios de Género. Universidad Nacional de Córdoba, Argentina, octubre de 2006.

Ronquillo, Víctor: *Las muertas de Juárez. Crónica de los crímenes más despiadados e impunes en México*. México, Planeta, 2004.

Documentos:

"¡Basta ya! Colombia: Memorias de guerra y dignidad". Grupo de Memoria Histórica (GMH). Bogotá, Imprenta Nacional, 2013.

"De la locura a la esperanza: la guerra de 12 años en El Salvador". Informe de la Comisión de la Verdad para El Salvador. San Salvador, marzo de 1993.

"Disidentes, rearmados y emergentes: ¿bandas criminales o tercera generación paramilitar?". Informe de la Comisión Nacional de Reparación y Reconciliación de Colombia. Bogotá, septiembre de 2010.

"El Salvador: el espectro de los escuadrones de la muerte". Documento AMR 29/15/96/s., Amnistía Internacional, Secretariado Internacional. Londres, diciembre de 1996.

"Guatemala, memoria del silencio". Informe de la Comisión de Esclarecimiento Histórico. Guatemala, junio de 1999.

"Justicia y Paz. Tierras y territorios en las versiones de los paramilitares". Informe del Centro de Memoria Histórica de Colombia. Bogotá, septiembre de 2012.

"Los hechos hablan por sí mismos". Informe preliminar sobre los desaparecidos en Honduras 1980-1993. Comisionado Nacional de los Derechos Humanos. Guymuras, Tegucigalpa, enero de 1994.

"Relatório final da Comissão Parlamentar de Inquérito do exterminio no Nordeste". Brasilia, noviembre de 2005.

"Informe anual del Comisionado Nacional de los Derechos Humanos sobre el estado general de los derechos humanos en Honduras y el desempeño de sus funciones". Año 2012.

"Informe del Grupo Conjunto para la investigación de grupos armados ilegales con motivación política en El Salvador". El Salvador, julio de 1994.

"Informe especial sobre las pandillas delictivas transnacionales conocidas como maras". Comisión Nacional de los Derechos Humanos de México, 2008.

"Informe especial sobre las quejas en materia de desapariciones forzadas ocurridas en la década de los 70 y principios de los 80". Comisión Nacional de los Derechos Humanos de México, 2001.

"Informe Final de la Comisión de Verdad y Reconciliación de Perú". Lima, agosto de 2003.

"Informe Final de la Fiscalía Especial para la atención de delitos relacionados con los homicidios de mujeres en el Municipio de Juárez, Chihuahua". México, enero de 2006.

"Segundo informe sobre la situación de los derechos humanos en Colombia". Organización de los Estados Americanos (OEA), octubre de 1993.

Páginas web:

"Cómo entrenar a escuadrones de la muerte y aplastar revoluciones: de El Salvador a Irak". Organización Wikileaks, julio de 2008. (www. wikileaks.org)

"Guía de Archivos sobre la Operación Cóndor". Instituto de Políticas Públicas en Derechos Humanos del Mercosur. (www.ippdh.mercosur.int)

"Human Rights Violations Attributed to Military Forces in the Bajo Aguan Valley in Honduras". Organización Rights Action, febrero de 2013. (www. righstaction.org)

"Las Víctimas del Escuadrón". Organización Coordinadora contra la Represión Policial e Institucional, enero de 2004. (www. correpi.lahaine.org)

Centro de Documentación de los Movimientos Armados. (www.cedema.org)

Índice

Escuadrones de la muerte, de Dalia Goldman,
fue impreso y terminado en febrero de 2014,
en Encuadernaciones Maguntis,
Iztapalapa, México, D. F. Teléfono: 5640 9062.

Realización editorial: Julio Acosta
(julioacostaeditor@hotmail.com.ar)
Corrección: Pablo Valle

www.ingramcontent.com/pod-product-compliance
Lightning Source LLC
Chambersburg PA
CBHW060312290526
45789CB00001B/488